真相只有紫禁城知道

清宮地標的歷史再發現

楊原 著
燕王WF 插畫

目錄

疑案考證篇

後宮職場篇

生活逸事篇

建築陳設篇

疑案考證篇

御花園中的暗戰：一場爭相輸掉的選秀賽

選秀也分三六九等？

北京故宮博物院中軸線上最北端的御花園，雖然占地一萬二千平方公尺，但對宮廷來說，實在算不上是大的休憩場所，相較於今天的生活，有點類似社區裡的綠地。不過，要談到紫禁城的清宮生活，御花園有一項大家熟知的業務，就是皇家選秀。

清康熙以後，選秀制度漸漸完善，御花園成為選看秀女最重要的場所，一方面是地

御花園內千秋亭

御花園千秋亭內藻井

理位置，離秀女進宮的神武門、順貞門最近，和皇上的居所也不遠；另一方面是這裡比較空曠，是宮內最大的院落，上千人的大型活動也能順利舉辦。所以，雖說御花園並非選秀的固定場所，卻是最常用的。

一說選秀女，很多人會認為是皇帝替自己選妃，其實秀女們的區別非常多樣，按最主要的劃分來看至少有兩大類：一種是三年一屆的選看八旗秀女，主要是為皇帝選后、選妃；一種是一年一次的選看內府三旗包衣女子，為的是選宮女，也就是替宮中挑家庭服務員。不過總體說來，所有的秀女都算是皇帝的女人，不論皇帝用不用，起碼支配權是他的。

先說八旗秀女，她們除了被選為皇上的后妃外，還有可能成為皇子、皇孫們的福晉、側福晉。比如乾隆的兩位皇后——孝賢皇后和繼后，就是雍正分別在雍正五年和雍正十一年選中並指婚給弘曆（乾隆帝）的；乾隆六十年的選秀，他看中秀女鈕祜祿氏，便把她指婚給孫子綿寧（道光皇帝），她就是後來被追謚的孝穆皇后。當然，除了皇帝親生的子孫們，宗室王公的福晉、側福晉都有可能來自選秀。也就是說，皇帝的媳婦、兒媳婦、姪媳婦、孫媳婦、姪孫媳婦，有可能來自同一次選秀。

只要是旗人之女，理論上都是皇帝的女人。但隨著八旗人口不斷繁衍，被皇帝宣告免選的範圍愈來愈大。比如乾隆八年規定，京外八旗官員，文官的官位在同知[1]以上，武將在游擊[2]

以上，他們的女兒才有資格參選；嘉慶十八年規定，八旗滿洲、蒙古柏唐阿[3]馬甲以下人員的女兒可以免選。諸如此類，只要皇帝沒有放話說「我不要了」，都不可以自行嫁人。

同理，服務於內廷的宮女理論上始終是皇帝的女人。在很多宮女因故出宮的檔案裡，我們會看到一句話「由其父母自行聘嫁」，也就是說，宮女出了宮才有嫁給其他人的資格。選看內務府三旗女子，雖說主要目的是家政服務，但宮女們也是重要的后妃儲備力量，像雍正的母親（康熙的德妃）、嘉慶的母親（乾隆的令貴妃）都出身宮女，而道光的母親，也就是嘉慶的孝淑睿皇后，更是在宮女選秀時被乾隆看上，指婚給當時的十五阿哥，成為皇子福晉。所以說，選宮女雖不比選八旗秀女隆重，但也是每年清宮的一項重要任務。

皇帝與秀女，不同視角看選秀

很多清宮戲呈現過皇帝選秀的場景，這是很多女主角故事的開始。劇中為此還設計很多劇情，其實有不少細節已經很貼近歷史，但有些情節則傳達了一些錯誤觀念。既然說到影劇，我們不妨以分鏡頭的方式，從兩種不同的角度來闡釋選看秀女的過程。

皇帝視角

乾隆六十年二月初八，皇帝在乾清宮西暖閣用過早膳，召見幾位大臣商議國事。談論已畢，辰正二刻（約早上八點三十分），乾隆坐著轎子從景和門來到御花園絳雪軒。戶部和內務府的官員已經安排好秀女名單，並在前夜將她們領至神武門，現由總管太監楊進玉帶她們到乾隆面前選看。這一日要看的秀女來自正黃旗和鑲白旗，加上幾名超齡秀女，共有二千零一十三人（或二千零一十五人），分為三百四十排。乾隆一排排看過，其中正黃旗滿洲蘇昌阿佐領下侍郎林之女相貌不錯，記名，過兩天再看一次，其他女子「俱撂牌子[4]」，她們可以回家由父母安排婚事了。

這時，總管楊進玉上奏說今天應到的女子中有三人病故，四人請病假，請病假的四位，福康安都看過了，他們說「實係真病，生的亦不慎好」，乾隆傳旨「亦撂牌子」，巳初二刻（約九點三十分），乾隆坐著轎子由百子門回重華宮，整個選秀過程約一小時。其實仔細想想，這個工作量非常大，平均看一排秀女的時間只有十秒鐘。

之後的幾天過程大致如此，到二月十一日這天，乾隆先看過今年應選的宮女，也就是內務府三旗女子，再對前幾天記名的秀女進行複選，並圈定八人，分別指婚給貝勒綿懿、阿哥綿寧、宗室綿命、宗室永謨、宗室永峗、宗室永度、宗室永普、宗室弘善。

秀女視角

乾隆六十年二月初七晚上，秀女們坐上家人早已準備好的騾子車，並在家人的陪護下來到紫禁城北門神武門。這裡有戶部和八旗的官員安排應選事務，並按早先擬好的排單順序排列她們的轎車，集合完畢後，秀女們都坐在轎車內開始漫長的等待。大約在次日凌晨兩、三點鐘，神武門開放，秀女紛紛下車，魚貫而入。戶部

絳雪軒

的官員只能將她們護送進入神武門，門內的順貞門是禁宮，外朝官員沒有特旨不得進入，此時再由太監將秀女們引入順貞門內的御花園，秀女和家人在此暫別。深夜進宮，自小就沒怎麼出過家門，雖說周圍全是人，可一個也不認識，而且來到一個不知道有什麼舉動就可能掉腦袋的地方，什麼感覺？陌生、森嚴、一切未知。我曾晚上進過北京故宮，幾乎是伸手不見五指，即便周圍都是熟人，也不願隨便走動。再者說，農曆二月初正逢春寒料峭，凌晨兩、三點是最冷的時候，穿什麼衣服都不覺得暖和。秀女們進宮，宮裡會先賞一頓茶飯，據說絳雪軒有奶茶和粥一類的餐飲，讓她們不至於被凍得瑟瑟發抖，算是一種心理上的安慰，別嚇著孩子。不過在道光以後，皇帝為了節儉，選秀前賞早點的待遇便被撤銷了。

賞茶飯後的幾個小時，就在院子裡等待皇帝到來。根據旗分和年齡，正黃旗與鑲白旗的滿洲、蒙古、漢軍各一組，每一組再按十五歲、十六歲、十七歲劃分為小組。自乾隆開始，以六人成一排居多，乾隆六十年〈驗看秀女排單〉記載如下：

正黃旗滿洲

十五歲秀女二百六名　三十五排　末二排俱四名

十六歲秀女一百九十一名　三十二排　末排五名

十七歲秀女一百五十八名　二十七排　末二排俱四名

正黃旗蒙古

十五歲秀女六十五名　十一排　末排五名

十六歲秀女六十二名　十一排　末二排俱四名

十七歲秀女六十九名　十二排　末二排五名一排四名一排

正黃旗漢軍

十五歲秀女一百四十名　二十四排　末二排俱四名

十六歲秀女一百二十一名　二十排　末排七名

十七歲秀女一百二十一名　二十排　末排七名

滿洲、蒙古、漢軍逾歲秀女七名　一排

共秀女一千一百四十名　一百九十三排

鑲白旗滿洲

十五歲秀女二百二十五名　三十七排　末排七名[5]

十六歲秀女一百四十一名　二十四排　末二排五名一排四名一排

十七歲秀女九十名　十五排

鑲白旗蒙古

十五歲秀女五十五名　九排　末排七名

十六歲秀女五十名　九排　末二排俱四名

十七歲秀女四十八名　八排

鑲白旗漢軍

十五歲秀女九十二名　十六排　末二排俱四名

十六歲秀女九十名　十五排

十七歲秀女七十八名　十三排

滿洲、蒙古、漢軍逾歲秀女六名　一排

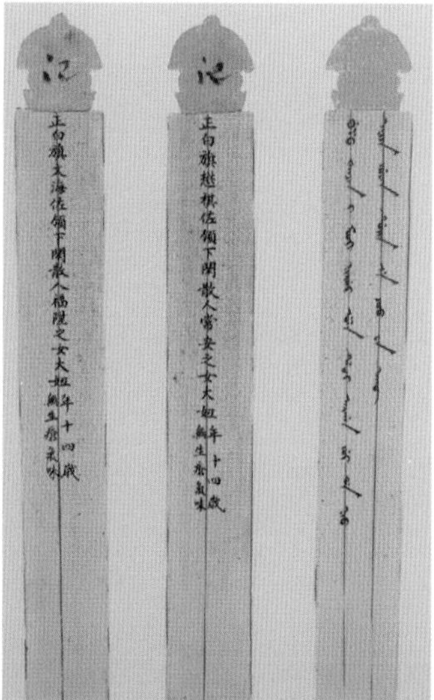

秀女記名牌（綠頭牌）
（摘自中國第一歷史檔案館編《清代文書檔案圖鑑》）

辰時二刻，乾隆駕臨，至絳雪軒升坐（座），總管太監楊進玉向乾隆遞過排單和為秀女們製作的綠頭牌，上面寫著她們父親的名字、職務和所歸屬的旗籍。秀女們在太監的引導下，一排一排走向乾隆，不需請安行禮，也不可以說話，駐足片刻，讓乾隆看清楚即離開。被乾隆選中的女子留綠頭牌記名，回家準備下次複看，未被選中的女子撂牌子，就可以由家長為她們安排婚嫁了。

一場持續四年的漫長選擇

選秀過程大概就是這樣了，但皇帝選秀時主要參考是什麼呢？看出身，還是看姿色？其實不能一概而論，首先要看給誰選、為什麼選。如果皇帝只是選妃，一定會偏向於外貌。嬪妃不是皇后，與皇家體面沒有關係。很多皇帝的后妃是宮女出身，像康熙的良妃，康熙就曾說她「辛者庫賤婦」，但並沒有妨礙他們一起生兒育女，所以自娛自樂的事與出身無關。如果真這麼在乎妃嬪的出身，進宮以後，皇帝給她一個比較低的位分就行了。

如果皇帝是替皇子、皇孫們選福晉，秀女的出身則是一項重要的參考。王公、阿哥們的正妻自然要講究門當戶對，這關乎皇家的體面，顏值與家世都很重要，如果不重顏值，只重身分，就沒有選秀的必要了，在適齡的世家子女中選門第最高的就好。一排又一排的秀女走向皇帝時，皇帝大概也是先抬頭看容貌，有心儀之人才會低頭看排單或綠頭牌上所寫的家世。當然，不是沒有例外，嘉慶皇帝的孝淑睿皇后，則是沒有身分的極致了；再如光緒皇帝的孝定景皇后（後來的隆裕太后），算是有身分、沒顏值的極致，不過這源於慈禧太后的私心。但這些都不是常態，沒有普遍性。

說到太后選秀，和皇帝選秀就有很多區別了。上文示例的乾隆六十年選秀，可以看到皇帝從辰正二刻到巳初二刻，僅一小時選看秀女二千多人，且五天內完成「初賽」、「複賽」，順便把宮女也選了，可謂「乾淨俐落」。但在晚清，兩宮皇太后為同治皇帝選后、選妃時卻顯得「拖拖拉拉」。同治七年二月是兩位太后第一次選看秀女，共一百零八名，由此拉開太后選秀的大幕，一直到同治十一年才結束。四年裡有大量被記名、複選的女子，有很多秀女住在宮裡，以便兩宮再選、再看。根據同治九年的戶部檔案記載，當時留宮和曾經留宮的秀女一共一百二十名，其中還有一名秀女因病被除名了，活生生把人熬死了。甚至很多秀女已經被撂過牌子，兩宮太后還會發一道懿旨[6]說：「你們家姑娘先別嫁人，我們姊妹倆商量了一下，讓她們回來，我們再看一遍。」按戶部八月初三的檔案記載，侯爵崇恩之女、福州將軍文煜之女、原任員外郎錫璋之女，就再次被安排到八月二十二日的複選。

與乾隆選秀的狀況相比，兩宮太后可謂細水長流，單次選看的人數少了很多，選看次數卻翻了幾倍，顯得格外認真、細膩。尤其是同治七年八月十三日，還專門組織「病殘專場」，其中病癒秀女一百四十七名、殘疾秀女八十名，共五十六排。殘疾女子本來可以免於參選，只要上報驗明就不用再跑一趟，而同治朝選秀檔案中，屢屢出現殘疾女子，可見兩位太后對此次選秀的重視程度。

同治朝選秀顯得如此繁瑣，大致有兩類原因。其一，細膩和耐心是女性特質。我們在生活中也經常遇到這種場景，同樣是買東西，女性會反覆挑選，並向賣家問一堆問題，仔細致極，但男性往往能迅速結束購物過程。光緒選秀時，只有慈禧太后一個評委，仍時常有裕長之女被記名三次、鳳秀之女被記名四次，最終依舊被撂牌子的故事，足見選秀工作的細膩。更何況同治朝選秀是兩位太后同時選，免不了要互相商量、分析研討，過程必定複雜。

其二，權力上的角逐。同治的第一次選后、選妃，兩位太后是否暗中較勁？非常有可能。慈禧太后向來以英明自居，凡事愛做主張，雖然向來少問政事，但面臨這種大事，也希望有決斷權。早有筆記提到，在最後的決斷中，慈安太后與同治皇帝意許阿魯特氏，慈禧太后中意富察氏，兩人意見分歧。皇帝大婚從同治九年一直推遲到同治十一年，在四年的選秀過程中，兩位太后的較量自然就難免了。選誰、不選誰，關係太大，選秀工作愈謹慎愈細膩，才愈容易把自己的意見發揮到極致。你覺得好，我覺得不好，但我也不直說，那就再看一回，一回不行，就看兩回，兩回不行就三回。這種支持或反對的意見才能不斷地滲透給對方，反覆選看的過程，其實就是來回拉鋸。

選出身還是選顏值，抑或是皇帝與太后選秀時的意見差異，都是選秀人在不同背景下的不同心態。做為參選者的秀女，她們的心態就更加複雜。首先，很多人寄望飛上枝頭變鳳凰，不僅可能獲享榮華富貴，而且不少后妃家族可能由此走向輝煌之路。選秀時雖說不需行禮、不許說話，但一些秀女仍會費盡心機，以博得皇帝的目光。從嘉慶到道光，兩代帝王一直規範秀女參選時的衣飾，要求著旗人髮飾、衣裝，不可纏足。一方面是很多秀女以中原服飾為時尚，皇帝對漢風興起、滿洲風尚衰落的狀況感到擔憂；另一方面，很多秀女為了在選秀時力求突出，著力於自己的髮型和衣服，即嘉慶在上諭中所說的「競尚奢華」，以求天子青睞。《清稗類鈔[7]》更出現過「步步生蓮」的故事：乾隆某年選秀時，「有一女雕鞋底做蓮花形，中實以粉，故使地上蓮花隨步而生」，致使「地上現粉印若蓮花」，但乾隆對這種小把戲頗為討厭，讓太監把這名秀女轟出宮。可見在這方面下功夫的人著實不少，只不過這位秀女把馬屁拍在了馬腿上。

有人願意攀龍附鳳，有人則對乏味的深宮生活毫無興趣。北京故宮博物院顧問單士元先生曾有文章指出，晚清北京的故老相傳有很多八旗秀女不願參選，時常有購買漢族貧苦女子來頂替之事，也就是說，嘉慶和道光兩代皇帝所規範的秀女著裝問題，很大程度上並非源於漢裝的流行，而是許多八旗女子不願參選罷了。王運的《湘綺樓全書》曾記載過「直辭女童」的故事，即咸豐九年選秀時，一名秀女當眾痛陳國運不興，而帝王卻在此選妃，「古有無道昏主，今其是耶！」更有甚者，幾年前我在口述歷史的採訪中還聽到一則故事，內務府正黃旗葉赫顏扎氏家族內部曾有傳聞，當年他們的高祖安達理因甘願隨皇太極殉葬，全家從內務府被抬入外八旗，後來家中的一位女兒不願意入宮，在參加選秀的路上，用剪刀自盡了，全家因此獲罪，再度被降入內務府。這類傳說很多，雖不一定真實，但可見不願進宮的秀女也絕非少見。

其實，「步步生蓮」與「直辭女童」相對還是少數，對十幾歲的少女來說，更多的只是沉默群體，入宮與不入宮都不要緊，只要能趕快熬過選秀的日子比什麼都好。當然，除了選秀外，御花園還有諸多宮廷的生活場景，比如天一門內的欽安殿，供奉著真武大帝，這是大年初一皇帝祭祀的第一站；順貞門內東側的堆秀山，每逢九九重陽節，皇帝與后妃會在此登高望遠，盡享秋色。隨著這些畫面淡去、消失，再回望滿園山石、雕梁畫棟，鬱鬱蔥蔥的古柏老槐之間不知掩藏了多少傳奇和往事。

真相只有翊坤宮知道：斷髮皇后被廢之謎

那拉氏的奮鬥史

翊坤宮是紫禁城的西六宮之一，位於儲秀宮之南、永壽宮之北、長春宮之東。光緒年間，慈禧太后為過五十大壽，將翊坤、儲秀二宮打通，連成一片，形成四進院的格局，現在看到的場景就是對慈禧太后當時生活的復原。不過在此之前，翊坤宮還居住過一個因剪髮而知名的女人，正是被戲劇《還珠格

格》嚴重醜化的那位皇后。今天我們就要在故紙堆的邊邊角角中，撥開歷史沉積層的重重迷霧，還原她本來生動豐滿的面貌。她是乾隆的第二任皇后那拉氏，因而被稱為「繼后」，和歷史上大多數後宮女眷一樣，她的真實名字並沒有留下任何記載，《清史稿》等文獻把她寫為「烏拉那拉氏」，其實是一個訛誤，因為《清史稿》是尚未成書的稿件，未經訂正的錯誤比較多。參考早在乾隆九年刊行的《八旗滿洲氏族通譜》，很明確地記載了繼后家系輝發地方那拉氏，滿洲鑲藍旗人，除了父親訥爾布和先祖莽科赫然在冊之外，族中其他男性成員的名字與職務也一目了然。而所謂輝發與烏拉都屬於地域名、部族名，那拉才是姓氏。比如我們熟悉的慈禧太后，就是葉赫地方那拉氏的後裔，所以又稱葉赫那拉氏。就像同為姓張的人家，有北京張氏、天津張氏之分，雖然並不十分貼切，但大致是這種情況。同理，輝發那拉與烏拉那拉雖同為那拉氏，卻完完全全是兩個不同家族。

繼后的家族在入關後雖然算不上頭等世家，門第也不低，與慈禧太后娘家的情況相近，一直是中等世家，家裡的親戚大多是中級官員。雍正十二年，那拉氏參與三年一度的八旗選秀，被雍正相中，指婚給當時的寶親王弘曆做側福晉。其實，從清代八旗世家間的婚姻狀況來看，按他們家的條件，那拉氏就是當王爺的福晉也不為過。比如清代最後一位肅親王善耆，他的嫡福晉赫舍里氏，家庭情況與這位那拉氏不相上下，而善耆的四位側福晉都是什麼出身呢？第一

翊坤宫殿外

翊坤宫内景之一

翊坤宮內景之二

側福晉是福晉的陪嫁丫頭，第二側福晉是王府旗地上的包衣，第三側福晉是王府墳地上的包衣，第四側福晉則是從民間買來的。當然，像肅親王這種遠支王公和皇子還是不一樣，更何況既有皇帝做主，又許給了最受寵愛的寶親王，也就不顯得那麼委屈了。

那拉氏在雍正十二年入宮，一年後，雍正帝晏駕，她成為乾隆帝的嫻妃，之後的十幾年，一直過著比較平淡的日子，未曾產下一子半女。雖說後宮的女人沒有子嗣並不代表皇帝不喜歡她，但與那拉氏後來的高產相比（四年生下二子一女），可以看出這段時間乾隆對她實在平平。皇上給予她的無非禮貌性恩寵，以示雨露均沾，搞搞人心上的平衡罷了，若說真正的恩寵，與皇后富察氏、貴妃高氏、純妃蘇氏、嘉妃金氏和後起之秀令妃比起來都無法企及。唯一特殊的是，從賞賜檔案的紀錄來看，乾隆會賞給她一些書畫作品。要知道，宮裡的女人大多文化程度不高，很多人以禮佛誦經為畢生事業，像慈禧太后就曾經著力標榜自己的才能，以示她與那些只會念經的女人不一樣，故而皇帝對后妃的賞賜常常是各種版本的佛經。

那拉氏的家庭條件比較優越，在文化修養方面可能受過良好教育，使她在後宮的眾多女性中顯得卓爾不群。饒是如此，並沒有得到乾隆更多的青睞。談過戀愛的人都知道，男女之間有共同語言才會使彼此的情感基礎更加牢固，可這一點在乾隆與那拉氏身上幾乎全無體現。反觀那位宮女出身卻迅速得寵的令妃，乾隆給她的滿語封號是ᠮᡝᡵᡤᡝᠨ（拉丁文轉寫為 mergen），為「機智、聰明」的意思，可見乾隆情感的興趣點並不在於文化水準上的高低，而在於這個人是不是跳脫有趣。或者我們可以做個更大膽的猜想，乾隆對書畫的愛好，其實更多只是附庸風雅，他們之間所謂的「共同語言」自然就顯得不那麼重要了。

有人會問，既然乾隆不看好那拉氏，孝賢皇后去世後，為什麼要讓她繼任皇后之位呢？其實很簡單，選皇后不是選最愛的，而是選條件最合適的。此時再立新皇后，一是看出身門第，二是看後宮資歷。皇后嘛，自然還是要講家族門第，畢竟關乎皇家體面。論出身，當時以舒嬪家的門第最高，她是康熙朝大學士明珠的後裔，但乾隆六年才入宮，資歷太淺，倘若以嬪位直接晉為皇貴妃或皇后，實在沒有先例可循，更何況乾隆也沒那麼喜歡她，犯不上為她破例；論資歷，當時後宮裡位分比較高的有純貴妃、嫻貴妃、愉妃、嘉妃，四人都屬於早年的潛邸舊人。但愉妃、嘉妃都出身內務府包衣，身分比較卑微，純貴妃更是江南的漢人，到乾隆四年才以包衣入旗。這三位當貴妃似乎還可以，沒毛病，但封后就實在有點上不得檯面。兩相比較，嫻貴妃那拉氏才脫穎而出，既有中等世家的出身，又已經居貴妃之高位，還有潛邸舊人的老資格，理所當然成為繼后第一人選。當年乾隆給她的封號為「嫻」，滿文釋義為ᡝᠯᡝᡥᡠᠨ（拉丁文轉寫為 elehun），即「心寬、度量大」之意，可見那拉氏的性格比較適合做皇后。

乾隆十三年，孝賢皇后在東巡途中突然去世，正值壯年的皇帝需要再立一位皇后，以彰母儀天下之事，皇太后也需要一位兒媳婦管理後宮，那拉氏成為條件最合適的人選。乾隆十四年，她被晉為皇貴妃，乾隆十五年被冊封為皇后。

那拉氏之前大概不敢想像自己有朝一日能成為大清皇后，管理六宮，行使掌管後宮各項禮儀、祭祀之權力。儘管這個后位，乾隆給得並非那麼情願，但他們還是在四年內生下三個孩子，也許和乾隆素來的「嫡子情結」關聯更大，倒不能說明二人的感情一定有太大的改善。乾隆十六年，孝賢皇后三周年忌日那天，乾隆一首悼亡詩寫道：「豈必新琴終不及，究輸舊劍久相投。」很明顯「新琴」寓指繼后，「舊劍」寓指孝賢，一番自問自答下來，終究還是新不如舊啊！但他沒有因此過分冷落那拉氏，至少在一切關乎禮儀的場合下，都給予和她身分相匹配的體面與尊重。對性格恬靜的那拉氏而言，與皇帝丈夫還算相敬如賓，又有子女承歡膝下，加之鳳冠所承托的強烈儀式感，她未來的皇后生涯似乎與歷史上其他的皇后一樣可以一眼望到頭。

直到乾隆三十年，帝后南巡途中，看似風平浪靜的後宮一夜變了天。皇后突然鬧出「剪髮事件」，被提前送回京城，緊接著令貴妃很快被冊封為皇貴妃，而繼后再也沒有出席她應該參加的各項禮儀性活動，一年多後，撒手人寰。

平地驚雷的剪髮事件

那拉皇后的「剪髮事件」是清代後宮中極為神祕的一件大案。說它神祕，主要是整個事件實在蹊蹺，事前太過平靜，毫無徵兆；事後風浪卻太過劇烈，波及甚廣。官方提供的說法總是含糊其詞，遂引來後世的無盡猜測。

乾隆三十年早春，皇帝開始第四次南巡，此次江南春遊除了陪伴太后外，隨駕的有那拉皇后、令貴妃、慶妃、容嬪、永常在[8]和寧常在。從所有記載來看，南巡一開始，乾隆與繼后的關係沒有任何異常，途中趕上了皇后的生日，由於出門在外，條件有限，沒有像往常一樣隆重舉辦也合情合理；皇帝在行程中，每頓飯都會替皇后賞菜，直到「剪髮事件」的前一天，即閏二月十七日，早膳賞了一份「炸板筋」，晚膳賞了一份「攢盤肉」。所有事情都有條不紊地進行，按乾隆的話說，真是一派「承歡洽慶」的景象。總而言之，所有記載都看不出他們有矛盾的跡象。

但就在閏二月十八日，皇后「性忽改常」，如青天霹靂般爆發了剪髮事件，做出滿人最忌諱的舉動，皇帝迅速處理，收回皇后的寶冊，將那拉氏圈禁，讓她成為名存實廢的皇后，並緊急冊立令貴妃為皇貴妃，將大部分皇后的職權進行移交。所有事情都是祕密進行，外人知之甚少，紫禁城依舊保持表面上的風平浪靜。

一年後，即乾隆三十一年的中元節前夜，那拉皇后在翊坤宮去世。如何處理身後事成為一件麻煩事。那拉氏生前一直被圈禁，但並未對外宣告，位分已是名存實廢，死後自然不能按皇后的標準舉辦喪儀，葬禮若不合乎制度，後宮的巨大變化就要對外界說明，一系列的相關事件都會漸漸為外人所知，並附會成各種傳聞，皇家顏面必將受損。若完全按標準制度進行，乾隆又咽不下這口氣。最終，皇帝選擇了宣洩憤怒，以一系列不近人情的手段對待那拉皇后的身後事和她的家人。

第一，按皇貴妃儀禮下葬。宮廷的一切待遇都和等級掛鉤，禮儀上的降等是首要的處罰。

第二，不上謚號。皇后去世後有一項重要待遇，即上謚號，謚號是對亡者一生的評價，比如乾隆的母親孝聖皇后，聖就是對她的評價；再如孝賢皇后，賢亦是對她的評價，皇貴妃以下則不予上謚號。不給那拉皇后上謚號，一方面是待遇的降等，另一方面是皇帝不想對她評價，而這不想評價更是最憤怒的評價。

第三，那拉皇后沒有自己的墓穴，而是葬於純惠皇貴妃的園寢，也不享受任何祭祀供奉。那拉皇后就像人間蒸發，乾隆的這些處置，等於讓後世子孫感覺不到她的存在。

第四，剝奪那拉氏家族的世管佐領。後宮事件，無論妃嬪罪有多大，一般不太會牽涉其家人。那拉皇后家族入關時曾立下大功，被賜予世管佐領的特殊待遇，也是他們成為中等世家的保證。什麼是世管佐領？佐領是八旗基本組織單位的長官，位居四品，與地方上的知府大致相同，而世管佐領就是說，這個單位世世代代都由你們家人來當首領，在清代八旗中具有很高的地位，是一個家族地位的標誌，這點有時比官位品級還重要。皇后獲罪，殃及家族，此時她的父兄已死，姪子訥蘇肯被降職外放，世管佐領又劃歸宮中佐領，由中央派遣流官管理，他們家得以支撐世代身分、地位、財富的來源被剝奪，由此從中等的軍功世家變為平民。這點其實相當過分，清宮以諸多制度將后妃與她們的原生家庭剝離，只要把閨女送進宮，他們家幾乎就算沒這個女兒了，反之，后妃在宮中犯什麼罪，自然也沒有道理追究家人。乾隆如此嚴厲打擊那拉氏家族，在清代後宮事件中極為罕見，更突顯他對那拉皇后的憤恨之深。

有多深呢？如果對清代宮廷美術史有所了解，會發現繼后的形象被人為地統統抹去。不僅單獨的畫像被銷毀，就連在各種慶典圖、行樂圖的長卷裡，她的形象悉數被塗改成他人。很明顯，乾隆的意思就是要當這個人完全不存在。可以想像，他對那拉氏的厭棄之情到了何等地步。

愈抹愈黑的官方解釋

皇后的身後事有如此劇變，官方自然要給出一個說法，以彈壓輿論，盡可能遏止人們對後宮的各種猜想。按《清實錄》的記載，皇后去世後的第二天，乾隆發了一道上諭：

皇后自冊立以來，尚無失德。去年春，朕恭奉皇太后巡幸江浙，正承歡洽慶之時，皇后性忽改常，於皇太后面前，不能恪盡孝道，比至杭州，則舉動尤乖正理，跡類瘋迷，因令先程回京，在宮調攝。經今一載餘，病勢日劇，遂爾奄逝，此實皇后福分淺薄，不能仰承聖母慈眷，長受朕恩禮所致。若論其行事乖違，即予以廢黜，亦理所當然，朕仍存其名號，已為格外優容。但飾終典禮不便復循孝賢皇后大事辦理，所有喪儀止可照皇貴妃例行交內務府大臣承辦。

大意是說：皇后向來沒犯過什麼錯誤，去年南巡時，一切都好好的，不知道為什麼突然瘋了，在皇太后和我的面前做了一些讓人不能理解的忤逆之事，我讓人送她先行回京，沒想到在宮裡調養一年多，不見好轉，反而溘然長逝，這是她福薄命淺。按她去年的行為，就算把她廢了也不為過，但我已經格外施恩，依然保存她皇后的名號。如今她已死，但要按照孝賢皇后葬禮的先例來處理就不可以了，就參照皇貴妃的規格讓內務府去辦吧！

這份諭旨有兩個問題：一是乾隆掩蓋了皇后被圈禁的事實；二是事件交代未清，何以受此重責？皇后為什麼「性忽改常」？又做了什麼樣「尤乖正理」的舉動？都沒有做出解釋，只說她「跡類瘋迷」，這就很值得玩味了。

直到乾隆四十三年，皇帝才說出皇后「乃至自行剪髮則國俗最忌者」。按滿洲習俗，女人在長輩或丈夫去世時，會剪下一綹頭髮以表達哀思。那拉氏的父母早喪，隨皇帝和太后南巡，在途中剪髮，實際上就是提前為你戴孝，當著你的面，提前把為你祭奠的祭品送到你面前，手段也是夠狠，以極端的方式詛咒皇帝和太后（有可能只是詛咒其中一人）。究竟是何原因讓那拉氏做出如此激烈的剪髮舉動？乾隆卻閉口不提，不做任何解釋。在世人眼中，關於此事的官方說辭總是沒有前因後果而難以服眾。

宮闈祕事最忌諱的就是有外臣議論，乾隆的意思是既然已經官宣，就不許你們妄言，他對這件事呈高壓打擊之勢，若有人稍有異議，就會遭到嚴懲。比如《清實錄》記載，御史李玉鳴向乾隆上疏：「內務府辦理皇后喪儀，其上墳滿月，各衙門應有照例齊集之處。今並未聞有傳知，是否遺漏？」他是依照《大清會典》關於皇后喪禮的制度，試探性地向皇帝諫言，沒想到乾隆大怒，直接把他發配伊犁。

再如《嘯亭雜錄》和《李朝實錄》記載，身為宗室的刑部尚書阿永阿為那拉皇后的遭遇鳴不平，向乾隆冒死力諫，卻直接被發配黑龍江。事實上乾隆對阿永阿的處罰，比這兩個文獻所記載的要重得多。近兩年有學者發現一則當年處置阿永阿的檔案，從記載來看，他不僅被發配黑龍江，還被革除了宗籍和旗籍。所謂革除宗籍，就是把他逐出愛新覺羅家族，不再享有皇族的各項優厚待遇；革除旗籍就是他和他的後代永遠不再享有八旗的各種待遇。更有意思的是，這段歷史僅記載於此則檔案，未見於官方史書。我們都知道明、清兩代的《實錄》，都是新登基的皇帝依據檔案史料修上一朝，也就是其皇父時期的歷史。當嘉慶皇帝看到這則檔案時，覺得乾隆做得太過分，本著為尊者諱的原則，對阿永阿的事蹟不予入史。一般來說，清代對多麼機密的檔案都不會篡改和銷毀，但外人幾乎看不到檔案，阿永阿之事只見於檔案，不見於官書，就是說嘉慶帝為了朝廷的臉面，強行讓這樁案子在《實錄》中「被消失」了。而《嘯亭雜錄》和《李朝實錄》這樣的筆記與外國史料，不在皇家管理之內，就將這聽聞而來的故事片段，記載、流傳下來了。

此外，為皇后事向乾隆上疏的生員金從善被處以極刑；「嚴私擬奏摺請立正宮案」被打成文字獄。總之，凡涉及那拉皇后一事的輿論，皇帝都以極嚴酷的手段處理。問題來了，對皇后的身後事處理得非比尋常，官方說法總是遮遮掩掩，尤其是對相關輿論出乎意料的嚴控，最終讓事件顯得格外撲朔迷離，引起世人紛紛猜測。以至於後世的野史雜說對此不斷進行演繹，帝后反目演變成清宮極為吸引目光的疑案，影響之深遠，時至今日仍未消弭。

有乾隆私幸民女之說，比如《清鑒輯覽》記載乾隆在南巡杭州時，曾經微服登岸與民女私會，皇后勸阻，結果被皇帝以瘋病發作為名送回京城；有乾隆欲立妃之說，乾隆朝有個文字獄叫「嚴案」，嚴在乾隆三十年時，在山西聽說皇后事件，並說是由於皇帝想立一個妃子，皇后不依，皇帝不聽，結果她將頭髮剪去。甚至在《清朝野史大觀》中，還有更離譜的皇后出家為尼的說法。

皇后真的瘋了嗎？

有前輩學者對剪髮事件進行過研究，從主流觀點來看，比較傾向皇后因病變而剪髮，也就是說皇后真的瘋了。畢竟，從事發的歷史時期來看，帝后正處在沒有太大利益衝突的時期，幾乎沒有明顯的矛盾點可以引發這麼激烈的事件。皇后也不會因為喝不上半碗杏仁茶就向皇帝尋死覓活，能導致帝后之間巨大矛盾的利益衝突，大致是兩點：一是爭寵，二是立嗣。當然，朝鮮《燕行錄》記載一則「盜珠案」，可能是帝后關係的問題，但此事全無旁證，而且朝鮮使臣在京時會受到朝廷的諸多限制，有關宮廷事件的資訊，往往只來自胡同口的老大爺，很不可靠，在此就不予討論了。

先說爭寵。從實際情況觀察，那拉氏剪髮前後的兩、三年內，只有令貴妃一人得到晉封，但從皇貴妃相對簡陋的冊封典儀來看，明顯是匆促決定和執行，也就是說皇貴妃的冊立在很大程度上，是由於皇后剪髮事件的突發，皇帝需要一個人攝六宮事。況且上文已經提到，那拉皇后原有的封號「嫻」，滿文為「心寬」之意，她與乾隆相安無事多年，從未得享盛寵，對爭寵之事比較淡然，不太會因皇帝偏愛誰，就做出如此激烈的舉動。

野史中提到的乾隆因私幸民女為皇后所勸阻而引發矛盾，就更是外界不懂宮廷生活的胡亂猜測。高宗後宮以民籍入宮的后妃並不少，如純妃、怡嬪、容妃、慶妃等都是那拉氏熟識的，這種事一點也不新鮮，而且皇帝有織造官為他專門安排，有自己的渠道，根本無須特意在杭州私會。

再說立嗣。乾隆有嫡子情結，那拉氏又有十二阿哥，剪髮事件前，皇帝從未對永璂表示不滿，包括後來嘉慶帝也有詩文紀念他的十二哥，稱讚其向有文才，立他的可能性很高。

皇后沒有什麼理由為自己的兒子對皇帝做出如此極端的舉動，而她這一番操作下來，反而連累了兒子。若說是乾隆看重五阿哥永琪，可事發當年，永琪常年多病，最後還死在皇后前頭；若說乾隆偏愛令妃，欲立十五阿哥永琰為嗣，但此時永琰尚小，儲位繼承人直到乾隆三十八年才被寫入密函。總之，各種矛盾都不應該發生在這個時間點。

《清代宮廷史》曾提出那拉皇后更年期病變的說法，乾隆三十年，繼后年近五十，處於更年期，「最易激怒、多疑」，清宮生活確實比較沉悶。在宮內時，常年被各種宮規及事務纏身，壓力大、責任重，皇后的身分令她對外不敢、也不能流露出任何情緒，長此以往很有可能積鬱成疾。南巡時，很多禮儀從簡，儀式感突然降低，難免會產生情緒波動，遇到些許刺激，從而誘發更年期病症，失去理智，遂做出剪髮的激烈舉動，但當時的人對更年期是沒有認知的，所以乾隆會覺得她「尤乖正理，跡類瘋迷」。這是我以往比較傾向的觀點，但近兩年出現新的有力證據後，我的認知也有了一些轉變。

二〇一七年底，南京博物院舉辦的「走進養心殿」展中，兩份看似平常的「請安摺」卻讓我們更接近那拉皇后剪髮的祕密。原本只是皇子、皇孫請安問好的摺子，一般的回應只是「知道了」。可萬萬沒想到，平常到不能再平常的「請安摺」，卻勾出了乾隆連篇累牘的回覆；更沒想到的是，這些硃批回覆的正是皇后剪髮事件後，皇帝對她的處置安排。

從乾隆的硃批原文來看，對皇后的安排大致有五項：

一、將皇后按指定路線送回翊坤宮，圈禁於後殿。

二、使皇后與宮內其他人隔離，統一言論，所有關於她的消息，由太監潘鳳對後宮發布。

三、任命開齊禮為翊坤宮首領太監，同時削減皇后的生活待遇。

四、發落皇后原有的宮女和太監。

五、仔細搜查皇后在宮內和圓明園的住處，封存她的一切物品。

皇后「自行剪髮」已經確認無疑，對她進行圈禁，降低生活待遇，都在意料中，但那拉氏為什麼剪髮，乾隆似乎提供了兩種可能。

第一種可能，皇帝在硃批中說「皇后瘋了」，皇后剪髮的行為被他判定為瘋病所致，是意識不清時的舉動，這與《清實錄》記載的「跡類瘋迷」比較吻合，基本屬於一種無罪推定，那麼那拉皇后的罪責並不大。此外，《上諭檔》中另有四份滿文檔案，是護送皇后回京的四額駙[9]福隆安的奏摺，都是向皇帝彙報那拉皇后行程中的健康狀況。對照之下，這三種文獻似乎都說明皇后是真的病了。

第二種可能性出現於硃批裡皇帝的另一個說法：「皇后此事甚屬乖張。如此看來，他（她）平日恨我必深。」也就是說，乾隆判定皇后的舉動之所以「甚屬乖張」，是因為她恨自己，而且從行為的激烈程度來看，應該恨得很深，但無論如何這都是完全行為能力人合乎邏輯的行為，與「瘋了」不同，屬於有罪推斷，當面謗君，知法犯法，那拉皇后的罪責可就深重了。

同一份檔案裡有罪和無罪都讓乾隆說了，這不是自相矛盾嗎？朝令夕改，前後矛盾還合乎邏輯，但同一篇諭旨裡的矛盾就不能不說明問題了。如果皇帝認定皇后瘋了，基本就屬於無罪推斷，隔離養病也算不為過，但如上文所述，乾隆對她一系列極不近人情的處置就有點說不通了。我們再進一步仔細揣摩硃批的內容，從字裡行間還是能看出一些問題。

硃批裡說：「宮外圓明園他住處、淨房，你同毛團細細密看，不可令別人知道，若有邪道蹤跡，等朕回宮再奏，密之又密。」他命人檢查的「邪道蹤跡」應該是指一些巫蠱之術，這有兩種可能，巫蠱之術可能是針對皇后，也可能是針對皇帝。如果乾隆懷疑皇后被人下巫蠱，很可能是在求證皇后為什麼瘋；如果他懷疑皇后對自己下蠱，更像是在已經確定皇后因恨剪髮後，進一步調查她的罪證。

從硃批的內容來看，首先皇帝很明顯將皇后對他的恨與調查「邪道蹤跡」緊密聯繫在一起，他給王成的諭旨說：「如此看來，他平日恨我必深。」之後便責令王成和毛團去圓明園皇后的住處搜查「邪道蹤跡」。按照這樣的邏輯關係，乾隆似乎比較認定皇后是因恨剪髮，並懷疑那拉氏還有一系列對他不利的行為。

硃批中說的「皇后瘋了」則是皇帝給潘鳳的諭旨，並讓潘鳳將那拉氏「送到宮時在翊坤宮後殿養病，不許見一人。阿哥公主請安只許向潘鳳等打聽」，潘鳳是宮內對皇后狀況負責的唯一官方發言人，而且皇帝告訴他的是「在翊坤宮後殿養病」，只是「不許見一人」，但他在傳旨給別人時，則明確地說「把後殿鎖了」。後殿養病和鎖在後殿，兩者的區別可就大了，做為發言人，只要明確皇后「瘋了」，在後殿養病就可以了。所謂「瘋了」更有可能只是對外官宣

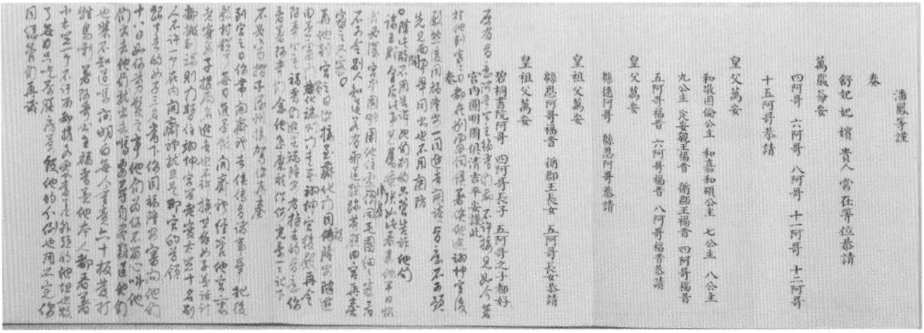

潘鳳等謹
奏
舒妃 妃 嬪 貴人 常在等位恭請
萬歲爺安
四阿哥 六阿哥 八阿哥 十一阿哥 十二阿哥
十五阿哥恭請
皇父萬安
和敬固倫公主 和嘉和碩公主 七公主 八公主
九公主 定安親王福晉 循郡王福晉 四阿哥福晉
五阿哥福晉 六阿哥福晉 八阿哥福晉恭請
皇父萬安
綿德阿哥 綿恩阿哥恭請
皇祖父萬安
綿恩阿哥福晉 循郡王長女 五阿哥長女恭請
皇祖父萬安
碧桐書院阿哥 四阿哥長子 五阿哥之子都好
宮內圓明園俱清吉平安謹此
奏

十五阿哥請安摺之一（拍攝於南京博物院「走進養心殿」展）

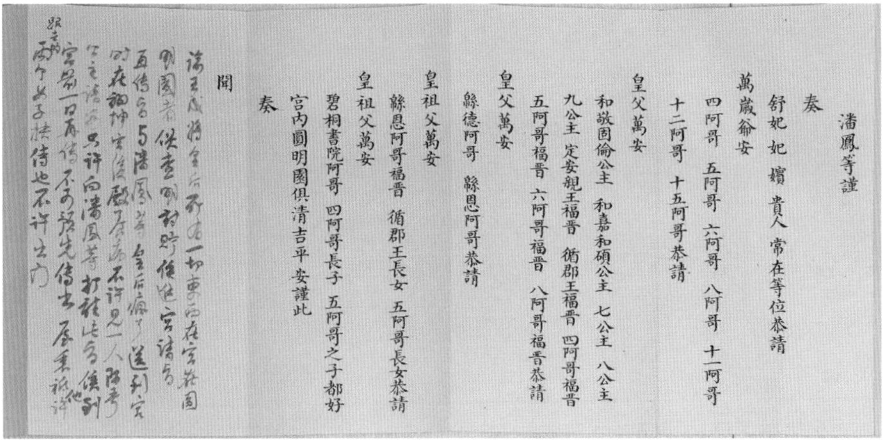

潘鳳等謹
奏
舒妃 妃 嬪 貴人 常在等位恭請
萬歲爺安
四阿哥 五阿哥 六阿哥 八阿哥 十一阿哥
十二阿哥 十五阿哥恭請
皇父萬安
和敬固倫公主 和嘉和碩公主 七公主 八公主
九公主 定安親王福晉 循郡王福晉 四阿哥福晉
五阿哥福晉 六阿哥福晉 八阿哥福晉恭請
皇父萬安
綿德阿哥 綿恩阿哥恭請
皇祖父萬安
綿恩阿哥福晉 循郡王長女 五阿哥長女恭請
皇祖父萬安
碧桐書院阿哥 四阿哥長子 五阿哥之子都好
宮內圓明園俱清吉平安謹此
奏
聞

十五阿哥請安摺之二（拍攝於南京博物院「走進養心殿」展）

的一種說辭，是對外掩飾剪髮事件真相的障眼法。

硃批中的另一處也顯得有點蹊蹺：

跟了去的女子三名，當下你同福隆安審問他們十八日如何剪髮之事，他們為何不留心，叫他們出去他們就出去嗎？要尋自盡難道他們也裝不知道嗎？問明白每人重責六十板發打牲烏喇（拉），著阿哥公主福晉並他本人都看著。

可以看出，皇后應該是讓宮女出去後獨自剪髮，並非宮女不盡職，但乾隆卻要強加罪責，所謂「叫他們出去他們就出去嗎？要尋自盡難道他們也裝不知道嗎？」實在是欲加之罪，主子讓侍女出去，侍女豈有不出去之理？而且皇帝對宮女的責罰也格外嚴厲，一般來說，清代宮女犯罪，比如偷竊、不敬，往往就是打上幾板子、送出宮了事，涉及自盡的重罪，才會受到重責六十、發往打牲烏拉的嚴厲處罰。所謂「發往打牲烏拉」，基本上與我們在電視劇常看到的「發往寧古塔與披甲人為奴」的處置相似。欲加之罪，還受此重責，更為過分的是，要讓皇后在眾人面前看著打，每一板子不都是打在那拉氏的臉上嗎？打擊她那顆已經對皇帝悖逆的心。明顯是皇帝對她進行報復，借宮女之身，洩己之恨。如果皇后真的瘋了，即便是處置宮女，乾隆的手段恐怕也不會如此毒辣。

由於兩份硃批檔案的出現，我們已經可以很清楚地確知剪髮事件後乾隆對皇后的處置，很多線索就更明朗了。從乾隆的觀點來看，是那拉氏對皇帝的「恨」，促成了極端舉動，這是目前所見材料中最具可能性的動因，而「皇后瘋了」更像是掩人耳目的說辭。《清代宮廷史》的病變說其實不無道理，但那些只能是她剪髮的基礎誘因，勢必會有一個關鍵事件的刺激，才能導致不可自控地爆發。而兩個當事人，一個生前就被封口，另一個帶著祕密進入墳墓。究竟是什麼讓她對皇帝有如此之怨？剪髮的誘因又是什麼？何以繼后的畫像幾乎被乾隆銷毀？這些問題尚屬歷史之謎，還有待學者們進一步的發現。

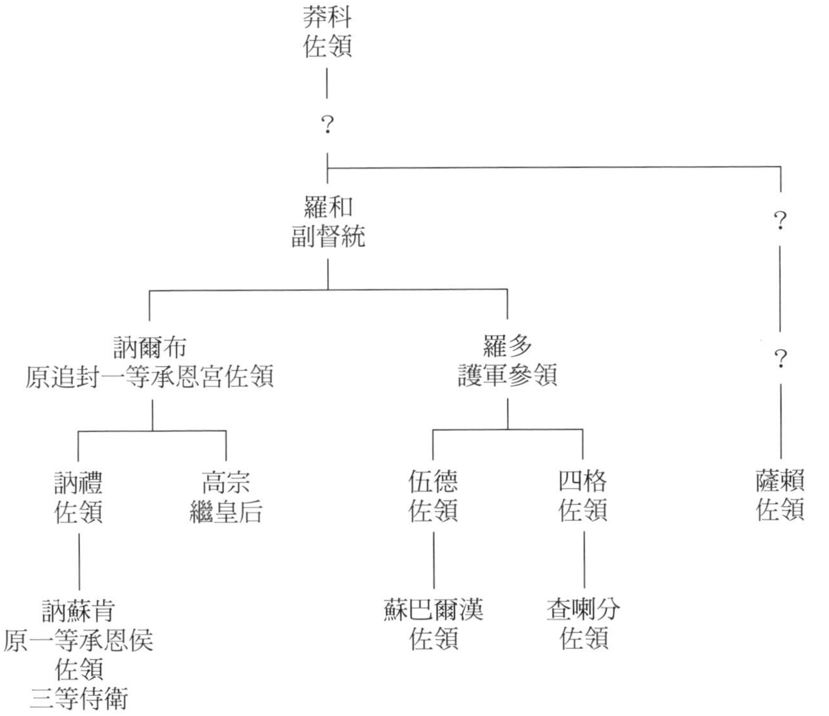
莽科
佐領
?
羅和
副督統
?
?
薩賴
佐領
訥爾布
原追封一等承恩宮佐領
羅多
護軍參領
訥禮
佐領
高宗
繼皇后
伍德
佐領
四格
佐領
訥蘇肯
原一等承恩侯
佐領
三等侍衛
蘇巴爾漢
佐領
查喇分
佐領

繼后家族世系

永壽宮的驕傲：獨此一例的「滿漢通婚」

「滿漢不通婚」的歷史真相？

永壽宮是紫禁城裡比較核心的后妃寢宮，距離養心殿和乾清宮都很近，經過順治時期的大修，皇帝便將其賜居於嬪妃，而這裡的第一位主人卻是一名民籍漢女。清軍剛剛入關，天下未定，為了拉攏中原人士，清廷開始鼓勵旗人與漢人通婚，以建立更牢固的統一戰線，於是順治五年下了一道上諭：「方今天

下一家，滿漢官民皆朕臣子，欲其各相親睦，莫若使之締結婚姻。自後滿漢官民有欲聯姻好者聽之。」順治大婚後，為做出表率，招選出身於直隸灤州的民籍漢人吏部左侍郎石申之女入宮，賜居永壽宮，順治稱她為「永壽宮妃」，康熙時被追封為恪妃。但沒過幾年的順治十二年，皇帝又下達了一道上諭：「太祖太宗制度，宮中從無漢女。且朕素奉皇太后慈訓，豈敢妄行。即天下太平之後尚且不為，何況今日。」什麼「太祖太宗制度」、「皇太后慈訓」，不過是冠冕堂皇的說辭。其實道理很簡單，滿人屬於少數民族，通婚的融合政策一經執行，滿洲血統很容易被數百倍於己的

門縫中的永壽宮

窗外的紫禁城

中原漢人湮滅。尤其是旗人的很多待遇高於普通百姓，旗民之間大量通婚，使八旗人口迅速擴大，但資源就那麼多，很快出現「僧多粥少」的狀況。正是考慮到這些因素，清廷很快就停止這一政策，而「漢不選妃」，或者說「旗民不通婚」則成為之後二百多年的祖制。所以，恪妃成為清代唯一正式迎娶的漢妃。

「旗民不通婚」在民間被稱為「滿漢不通婚」，就是說旗人不可與八旗以外的老百姓隨意通婚。不過很多人對此有些誤解，將它簡單地理解為滿人與漢人不能通婚。其實八旗之下除了滿洲八旗外，還有蒙古八旗、漢軍八旗，實際上共有二十四旗；各旗包衣旗人中，還有大量早年入旗的漢人；即便是滿洲八旗，也有一些早年的漢姓人。比如乾隆的令妃魏氏家族，即早年入旗的漢人，清初被編入正黃旗包衣籍，令妃去世後，魏家被抬入鑲黃旗滿洲，即滿洲旗下的漢姓人。雖然令妃一家也是漢人，但他們無論是包衣籍，還是鑲黃旗滿洲籍，都屬於旗人，不在「旗民不通婚」之列。雖然八旗系統十分龐大，也非常複雜，但「旗民不通婚」的界線很簡單，只要有一方在婚配時，該家庭沒有被編入八旗，便屬於被清廷祖制禁止的對象；儘管有一方是漢人，但只要在婚配時，該家庭已經入旗，便不在禁止之列。

不過，順治雖提出「旗民不通婚」，但清廷的管理並沒有想像中嚴格，通婚的事時有發生，甚至很多漢女入宮選妃的傳聞很早便在民間甚囂塵上，乾隆皇帝為此還特意做過解釋：

近聞南方織造、鹽政等官內，有指稱內廷須用優童秀女，廣行購覓者，並聞有勒取強買等事，深可駭異。諸臣受朕深恩，不能承宣德意，使令名傳播於外，而乃以朕所必不肯為之事，使外間以為出自朕意，訛言繁興。

大意是說：近來有傳聞，一些織造官、鹽政官到民間為我買女童做侍女或備選嬪妃，這種事實在是「駭我聽聞」，這是打死我都做不出來的事。不過不久後的一則上諭中，乾隆承認曾經有蘇州織造海保進獻過一些女子給他，被他義正詞嚴地拒絕了。還有一些女戲子，藝術水準實在平常，他也沒有接受，並說「此人所共知者」。乾隆非常有意思，很多史料中都能看到，但凡乾隆當眾說「人所共知」一類的話時，往往已經紙包不住火了。但做為皇上總要「道貌岸然」一下，雖然被人抓住把柄，也必須有理由開脫，以證明朕對此事是多麼「人所共知」的無辜。就海保進獻女孩的事情而言，是否真的被乾隆拒絕了，現在並不可考，不過他說自己絕不肯招選民籍漢女入宮，這是絕不可信的。從很多宮廷檔案的記載來看，不僅是乾隆，甚至在他祖父康熙的後宮裡，都不乏有漢妃的身影。

清宮真的只有一位漢妃嗎？

乾隆七年，皇帝命內務府清查《玉牒[10]》，看看當時宮內包括皇祖太妃及自己后妃等女眷的姓氏家族情況。經查，康熙的襄嬪和靜嬪均係民籍漢女。襄嬪高氏，係直隸正定府民高廷秀之女；靜嬪石氏，係陝西寧夏民石懷玉之女。不僅如此，在其他檔案中，還發現康熙的密妃王氏、穆嬪陳氏也是民籍出身，這四位漢妃以密妃地位最高，在康熙生前已經晉升嬪位，其他三人在當時都是位分較低的庶妃，直到乾隆年間才獲得嬪位，其中穆嬪的嬪位還是死後追謚。這四人均為康熙生下子女，沒有因為漢妃的身分而被差別對待，其中允祿、允都被封到了親王的爵位，尤其是莊親王允祿，雍正時期極受重用，乾隆初期更成為輔政親王之一。

當然，康熙帝的漢妃可能不只這些。葬在他皇陵中的庶妃共二十八人，其中十一人被收入《玉牒》，但對大部分人來說，只能了解到她們是某貴人、庶妃某氏的稱號，出身資訊基本屬於空白，還有十七人連稱號都未曾記載。她們當中是否還有漢妃，現在並不可知，但如果有也不用感到意外。

相比康熙帝，乾隆帝做得更過分，只是他的操作顯得更加隱密。清宮有很多乾隆時期后妃入旗檔案，比如純惠皇貴妃蘇氏、慶恭皇貴妃陸氏、怡嬪柏氏等。她們本是江南民籍漢女，入宮後，乾隆紛紛將她們的家人編入八旗，在《玉牒》中，她們的出身都變成某旗某佐領或某管領下人。如果只查閱官書，未看到這些檔案，絕不會看出她們原來竟然都是漢妃。上文提到關於後宮主位姓名家世的檔案中，原本出身於民籍的純妃（純惠皇貴妃），其家世便寫為「純妃父永保佐領下原門散蘇勝林」，漢妃的痕跡便被抹去了。

從現在可查的檔案來看，純惠皇貴妃蘇氏一族於乾隆四年入旗；怡嬪柏氏一家於乾隆七年入旗，後來怡嬪的妹妹在乾隆十年也入宮為妃（檔案中記為白貴人或柏貴人），雖然此時柏氏一家已經在旗，但也應算為漢妃之列；慶恭皇貴妃陸氏一族於乾隆二十二年入旗；芳妃陳氏一族於乾隆四十年入旗；祿貴人陸氏一族因人口凋零，乾隆五十四年，就是祿貴人薨逝當年，才將她姊夫周森一家編入旗內。

清廷實行「旗民不通婚」制度，主要考慮到旗人的待遇優於民人，很容易造成僧多粥少的現象，所以往往對旗人娶漢女的事「睜一眼，閉一眼」。

但漢女之家則不能入旗，而旗女外嫁大多會被禁止，畢竟按道理來說，旗女的子孫應算作旗人。康熙帝納漢妃雖有違祖制，但仍使其家族留在民籍，並不違反「旗民不通婚」的根本宗旨。乾隆將自己大量的漢妃家族編入八旗，不僅違反祖制，更動了旗人的乳酪。正是在乾隆朝，由於天下承平已久，八旗人口迅速增長，供養這麼多旗人，朝廷已經頗感吃力。乾隆帝曾下令賜給很多旗人東北的田畝，讓他們耕種，自力更生，並以漢軍本是漢人為由，讓大量漢軍旗人退出八旗編制，自謀生路。因此，皇帝納漢妃本就違背了順治的祖制，而在這八旗生計的壓力下，乾隆更不願將宮廷招選民籍漢女的事情暴露於外。

當然，除了這些被編入八旗的漢妃，乾隆的後宮可能還有一些嬪妃出身民籍。據不完全統計，乾隆一生的后妃達四十一人之多，有很多人由於位分不高，家世並不見於記載，其中不乏漢姓之女，她們當中是否有人出身民籍也未可知。在乾隆十三年的一則檔案中，蘇州織造圖拉向皇帝上了一道恭獻民籍漢女的密摺。大意是說圖拉在兩年前便幫皇帝尋訪到一名潘姓民間女子，「舉止甚莊重，身段面貌俱韻雅」，因為此事牽扯到皇帝，並未告訴潘家是將其女送入宮中，便委託中間人說是京官有意聘娶，女子的父親雖然答應，但「其母決志不從，難以辦理」，所以拖了兩年，沒有上奏。因為潘家的家庭狀況不好，高不成、低不就，女子二十歲了還沒有出嫁，於是在中間人的勸說下，潘父貪圖好處，瞞著妻女，讓圖拉將該女子接入自己的家裡；圖拉的母親親自上陣，講進宮的種種好處給她聽。薑是老的辣，一套花說柳說後，姑娘點頭答應了。原文說「始覺釋然相信」，於是這位織造官便向皇帝保證，次年三月，該女一定送到。同時，他還提到，經手這位潘姓女子的辦理人，現在又密訪到一位美女，順利的話，兩名女子會一同送往京城。

為了替皇帝挑選漢妃，竟用了兩年時間，可以說圖拉是絕對盡職盡責。不過兩名美女最終是否被送入京中，而乾隆帝是否笑納，從目前的史料來看還不清楚。前有海保，後有圖拉，還只是乾隆初期的記載，所以他的漢妃很可能並不限於上文提到的六名。

從宮廷畫師繪製的《崇慶皇太后八旬萬壽圖》中，我們可以看出一些關於其他漢妃的端倪。列坐於太后、皇帝兩側的嬪妃均著吉服出席，不過其中有四人沒穿滿洲傳統的吉服，因為貴人及以下的嬪妃不配給吉服，慶典時只穿符合自己身分的正裝，這四名嬪妃穿著漢族傳統的鳳冠霞帔，出身就不言而喻了。她們究竟是誰現在尚不能明確，僅從這幅畫卷來看，乾隆的後宮很有可能還存在其他漢妃。

漢妃待遇究竟如何？

從檔案的記載來看，乾隆帝給予漢妃娘家的待遇還算不錯。第一，漢妃的親族都被授予官位或職務，而且他們的後代入仕時會被優先考慮。以純惠皇貴妃蘇氏一家為例，她的兩個哥哥都被賞了披甲錢糧，也算成為國家正式職工；她的很多姪子、姪孫則獲得官職，最高有委署苑副、員外郎，最差也有筆帖式職務，至乾隆五十八年，蘇氏後裔竟無一人閒散。很多旗人家庭，尤其是內務府包衣旗人，全家將近十口人，可能就靠一個寡婦一個月一兩銀子的收入度日，相比之下，蘇家受到的照顧可謂「君恩深似海」了。當然，蘇氏後裔在漢妃們的親族中算是混得最好的，其他漢妃家族，至少在入旗的前幾代，過得也比大量普通旗人家庭優越不少。

《八旬萬壽慶典》貼落（拍攝於北京故宮博物院壽康宮）

第二，漢妃的娘家入旗後，會獲得一筆極其豐厚的「安家費」。如怡嬪柏氏一家，入旗時共十一口人，賞住房六十一間、地六頃，每年得租銀二百二十兩，取租房二十八間，每月得租銀十兩。再如慶恭皇貴妃陸氏一家，入旗時共十五口人，賞崇文門內蘇州胡同官房七十五間，涿州地七頃八十五畝，每年得租銀二百六十四兩；正陽門外西河沿取租房十間，每月得租銀十二兩一錢。既有極為富裕的自住房，還有可以出租的房屋及獲取地租的田地，房租、地租可得多少都清清楚楚，乾隆這女婿當得實在很貼心。

不過從漢妃娘家入旗的分配來看，乾隆帝對他們的態度也有一些變化。在乾隆朝中前期，入旗漢女家族被分配在內務府包衣佐領下；至乾隆中晚期，他們則被分配到包衣管領下。內務府包衣旗人係「天子家奴」，本就出身卑微，而管領下人的身分就更為低下。很多影劇中出現的「辛者庫人」，就是管領下人的一種。管領下人分為「不食口糧人」和「食口糧人」，從字面上的意思看，「食口糧人」看似有口糧，待遇更好一些，實則正好相反，「食口糧」的意思大致是每天發點吃的，人能活著就行，是八旗中地位最低的人群。很多人是因為獲罪被罰，成為這種內管領下「食口糧人」。當然，從現有史料來看，並不能確認芳妃和祿貴人的家族是否被編入管領下食口糧人，即便是「不食口糧人」，身分依然低於佐領下人。

乾隆帝對漢妃親族態度的轉變，可能與漢妃娘家人不安分有不小的關係。比如怡嬪柏氏的父母，本係蘇州人，入旗後在京久居，不免要衣錦還鄉，一切均由蘇州織造圖拉關照。某次返鄉期間，怡嬪的母親范氏乘轎訪親，途中轎夫撞了一個小孩，結果小孩的母親與轎夫大肆吵鬧，甚至與范氏扭打。皇親國戚怎麼能咽下這口氣，於是范氏將小孩的母親以「毆搶」之罪告到衙門，後來怡嬪之父柏士彩為了這點小事，竟然又告到江蘇布政使。為了息事寧人，布政使安寧本打算判小孩的父親重責三十大板，並向柏家賠禮道歉，就算過去了，沒想到柏士彩覺得不夠，竟然訛詐小孩一家偷了他們家的金簪、珠子等貴重物品。小孩一家本是「賣糕窮民」，實在無力承擔。就這樣，該案呈報到乾隆那裡，皇帝覺得事件實在是太丟臉，白白讓手下的奴才看笑話，即命「速催其回京」。

無獨有偶，另一份檔案中，我們看到乾隆帝對這類事件已經深惡痛絕。乾隆四十年，蘇州織造舒文向乾隆帝上了一道摺子，大意是說十一阿哥永瑆府中有一姓殷的使喚女子，係蘇州府常熟縣人，她的母親因為想念女兒，到京探望，知道在阿哥府裡就放心了，準備回家；還說這名女子只是使女身分，連格格的名號都沒有，現在還不便將該女子一家編入內務府包衣籍，也不便分配職務待遇。乾隆特意叮嚀舒文，對殷姓女子的家人一定要留心查訪，如果他們在家鄉「因其女在阿哥府內，即視為榮貴，倚恃生事」，絕對不能手軟。而皇帝對舒文還列舉了當年安寧、普福對漢妃娘家人姑息而招惹的事端，以為警示。可見這類事件著實不少，而乾隆所說的安寧之事，有可能就是指柏士彩回鄉事件，而普福「手軟」的事，現在尚未發現，還有待進一步挖掘史料。

這份檔案還透露出另一則資訊，也很值得玩味。檔案中說殷姓女子係蘇州府常熟縣人，因在十一阿哥永瑆府內尚無名號，她的家人還不便編入八旗，也就是說她確係民籍漢女，而且不是十一阿哥私納。當時永瑆並沒有分府出宮，一直住在宮內，沒有能力透過自己的途徑獲取漢女，從制度的推論來看，應該就是乾隆帝賜給他的。皇帝賜皇子漢女的事，可能還是一種傳統慣例。上文提到的漢妃純惠皇貴妃蘇氏，是乾隆帝在潛邸時的格格，雍正十三年時已為他誕下皇三子永璋，乾隆二年時冊封為純妃。也就是說，純妃應該是當年雍正帝賜給他的，而且替皇子賞賜侍妾的事並非個案，嘉慶曾提到「婉太妃母妃，從前皇考在藩邸時，蒙皇祖所賜」。到了十一阿哥的民女殷氏，就是乾隆對這種傳統慣例的又一代傳遞。

康熙帝以什麼管道獲取漢妃尚不清楚，不過從檔案的記載來看，乾隆帝的漢女大多出於織造官、鹽政官的貢獻。這些人都是內務府包衣出身，原本就是關係與皇帝極為親密的奴才，類似《紅樓夢》裡賈寶玉和茗煙的關係。他們當年侍奉主子有功，日後往往會被放到這些肥缺上，因為信得過、用得上，皇帝的一些機密事務常常讓他們辦理，海保、圖拉、安寧、舒文、普福都類似這種情況。而且在這份檔案中，我們還看到這些人不僅要為皇帝辦理機密事務，有時連皇子的內務也要讓他們處理。

康熙帝和乾隆帝的漢妃資訊一直比較隱密，只是隨著檔案的開放與挖掘，近些年才被廣泛發現，而其他清代皇帝後宮是否存在漢妃，現在還缺乏確鑿的史料支撐，需要進一步挖掘和研究。早年傳說最盛的是咸豐帝的後宮，民間有「四春娘娘」的說法，即海棠春、牡丹春、武陵春和杏花春，都是皇帝替后妃取的外號，而據聞這「四春」都是小腳漢妃，但目前還沒有確鑿的證據。前輩學者于善浦曾提到，多年前在檔案中見過海棠春係禧妃察哈喇氏，並非民籍漢女。由於中國第一歷史檔案館對檔案進行了重新整理編排，當年的檔案號碼都已作廢，至今沒人再看到這條資訊，不過這也是關於咸豐漢妃目前唯一的線索。從上文所述來看，清代雖定立「旗民不通婚」的祖制，但清廷並沒有嚴格遵守，漢妃確確實實存在，只是有的被明確證實，有的則尚待發掘。如果有人說某位皇帝的後宮中沒有民籍漢女，僅以這條祖制為證的話，如今已經很難立論了。

注釋

1. 中國宋、明、清的文官官職名。
2. 中國古代武官軍階游擊將軍的簡稱。
3. 又稱拜唐阿，滿語音譯，清朝各衙門管事而無品級者。
4. 古代選秀撂牌子代表沒有被皇上選中。
5. 根據每排六人的規則，以及末排為七人，三十七排的人數應為二百二十三人，此處為二百二十五人，疑似檔案記載有誤。
6. 皇太后或皇后的詔令。
7. 筆記小說，清代掌故遺聞的彙編，晚清遺老徐珂（一八六九年～一九二八年）編撰。
8. 常在是清朝妃嬪位號，清朝後宮共分為八個等級：皇后、皇貴妃、貴妃、妃、嬪、貴人、常在、答應，常在為第七個等級。
9. 駙馬，全稱為駙馬都尉，中國的官職名稱，清代改稱額駙。
10. 又稱玉譜，中國歷代皇家族譜。

後宮職場篇

承乾宮的黑暗面：誰是殺死宮女的幕後真凶？

宮女究竟死於誰手？

乾隆五十三年，那答應[1]位下有一名宮女五妞在其承乾宮投井自盡，內務府向皇帝彙報，說這名宮女因被責打而一時想不開，以致投井。人命關天，乾隆很關心，對案件的每個環節都要求有很細膩的呈報，比如他詢問內務府「以八寸井口，該女子何能投入」。也就是

說，皇帝覺得宮裡的井口較小，一般人想掉進去並不容易，為排除他殺的可能性，所以令內務府再行勘察。仵作特為此做出說明，並由內務府呈與乾隆。報告上說，井口雖窄，但圓周全長也有二尺四寸，宮女五妞年方十七，身體軟細，倒頭栽入是完全可行的，現在她的屍身皮骨已

承乾宮院門

承乾宮院內水井

硬，井口的寬度就不夠了；再結合承乾宮太監、宮女們的口供及其他證據，可以判斷確實是自盡。

宮女五妞身上有八處木器傷痕，主要集中於腿上，不算太嚴重，應該是犯了錯，被那答應命人用量衣尺一類的物品責打。不過從事後的處理來看，那答應並未因此受到懲罰，至少在當時宮規範圍內，她沒有過分之舉。在清宮歷史上，宮女自殺案往往有一些共同點，她們大多並未成年，處於青春期，情緒波動較大。而宮廷氛圍又處處滲透著等級、禮法、規矩等，雖然表面看似井然有序，但實在缺乏人性。宮女們來此服役，在這樣的年紀，遇到一些小事情，壓抑日久，很可能會在情緒上爆發，但表現往往從恐懼到精神失控，很容易釀成悲劇。

道光二十六年有一起宮女案，祥貴人位下的三名宮女突然大聲嚷叫著跑出翊坤宮，被即刻拿下。經審訊，原來她們素日常因笨被責罵，事發當天，其中一名年齡稍大的宮女向祥貴人申辯了幾句，由於頂撞主位，一下子無法抑制恐懼，便瘋魔似地喊叫著跑出來。這個案子很典型，宮女們長期被嚴格規矩管控，約束的方式名義上是恩威並施，實則以威為主，也就是刑罰恫嚇。這三名宮女可能是被訓斥幾句，可能是被打幾下，不會有過重的責打情況，即便是這種「小打小鬧」，時日一長，已成為她們極為恐懼的牢籠，不過為自己辯白幾句（是否構成頂撞還不好說），就已經嚇到集體精神崩潰。好在她們沒有做出更過激的行為，最後的結果也不算太壞，道光下令將她們各打三十大板，然後送出宮去。

清宮特別忌諱自殺，宮女、太監，乃至后妃，凡是自殺者皆獲重罰。乾隆專門制定了《太監和女子自戕自盡分別治罪條例》，以重典約束宮人。該條例根據宮女自盡的不同地點、不同方式，設置極為細化的治罪法則。比如宮女用刀子、剪刀等金刃自殺，如被救活，就要處斬，讓她再受一刀之苦；如果未被救活，則要曝屍荒野，而且她的家人也要獲罪。道光十五年，宮女二妞在圓明園上吊自殺，此係在園庭自盡，不需曝屍荒野，但她的父親「雖年逾六十老病相兼」，仍被發配新疆。本文開頭提到的宮女五妞在宮內自盡，不僅是她的命運悲劇，也同樣替她的家庭帶來噩運。

承乾宮內已無井亭，此為景仁宮內井亭

清代宮廷真的像影劇那樣黑暗嗎？

客觀地說，中國歷代宮廷中，清朝宮女的命運相對較好。比如唐代、明代，宮闈之內比較黑暗，很多宮人不明不白地便被人殺害，其刑罰之狠辣極為出名。清代皇帝對太監極為嚴苛，但對宮女相對比較溫和，而且提倡對待婢女要寬仁。對宮女的一般性錯誤，並沒有設置特別繁複的治罪條例，簡單說，就是誰的宮女誰管。做事不勤快、偷竊物品等問題，由其主位自行處置，大多是申斥幾句，或命其他宮女及太監責打幾下。如果屢教不改，就會被交與內務府，或送出宮交付給她的父母，這屬於後宮主位最大的處置許可權了。但凡涉及更嚴重的問題，就要交由內務府慎刑司處理。

皇帝在這方面對后妃還是有一定的約束，不可對宮女過於暴虐。乾隆四十三年有一起毆斃宮女案，按《國朝宮史續編》的記載：

昨惇妃將伊宮內使喚女子責處致斃，事屬駭見，爾等想應聞知。前此妃嬪內間有氣性不好，痛毆婢女，致令情急輕生者，雖為主位之人，不宜過於狠虐，而死者究係窘迫自戕。然一經奏聞，無不量其情節懲治，從未有妃嬪將使女毒毆立斃之事。今惇妃此案，若不從重辦理，於情法未為平允，且不足使備位宮闈之人咸知警畏……惇妃即著降封為嬪，以示懲儆。並令妃嬪等嗣後當引以為戒，毋蹈覆轍，自干重戾。朕辦理此事，准情酌理，惟協於公當，恐外間無識之徒或有竊以為過重者，不知朕心已覺從寬，事關人命，其得罪本屬不輕，第念其曾育公主，故從末減耳。若就案情而論，即將伊位號擯黜，亦豈得為過當乎？

這段記載很長，僅節錄比較核心的部分。乾隆的意思是說，清宮內從未發生過責打宮女致死的事情，惇妃竟將宮女打死，如此重戾氣的事實在是駭人聽聞，關乎人命，對惇妃要從重處罰，將她的位分降為嬪。因為念及她曾生了十公主（乾隆最寵愛的女兒），才從輕發落，若完全以公心而論，應當直接將她的所有名分、待遇統統褫奪。乾隆想要透過此事告誡後宮，絕不可以對宮女進行狠虐的懲處。

惇妃是乾隆晚年的寵妃，但打死宮女實在是不得不重罰的事情。有人認為，惇妃雖然被降了位分，但沒多久便復位，皇帝之舉不過是做做樣子而已。其實這種「做樣子」的警示作用非常重要，寵妃尚且如此，其他嬪妃懲處宮女時更要思量一下。後宮是新人輩出的地方，往往只是「各領風騷三五年」，即便是受寵的后妃，處置宮女時也會忌憚三分。特別是乾隆做出這種先例，後世宮廷在宮女的問題上就形成祖宗家法式約束。

有了乾隆定立的標竿，後世皇帝對宮女也顯得比較寬仁，處理問題時考慮更多。從道光十七年開始，皇帝專門規定了一類奏摺內容，凡後宮要交出宮女（將宮女轟出宮的處罰），均要上報交出原因、宮女有何過錯、有沒有打、傷在何處、傷有多重，並由內務府專行檢驗。這項奏摺制度的設立，更好地約束后妃對宮女的責罰行為。上文說過，妃嬪只能就日常錯誤懲處宮女，最大許可權就是將她交予內務府，所以后妃的私刑，只限於當時的普通刑罰和用刑程度。可以推測在此之前，很可能有一些宮女被責打得很重，然後被后妃不明不白地送出宮。道光十七年，究竟具體發現了什麼比較嚴重的案件，使皇帝要定立稽查制度，現在尚不可知，但這項制度一經施行，后妃但凡要責打宮女，很少再有出格的舉動，進一步約束凌虐宮女事件的發生。比如道光二十年，皇帝將玲常在降為尚答應，起因正是玲常在交出一名宮女。內務府的報告中，令道光震怒的不是宮女被打得多重，而是屢次犯錯都是由玲常在「自行責打」，也就是說她做為後宮主位親自動了手，這就有失儀態，丟了皇家顏面，違背宮規。清宮極為講究禮法，皇帝、后妃做為天下之主，舉手投足都要合乎天下之主的身分，換句話說，你不是做這件事的人。玲常在被降為答應，從此失去得寵機會，直到十年後咸豐繼位，她才被晉升為「皇考尚常在」。

清宮對太監的管理極為苛刻，犯錯後最輕的也要被打幾十大板，動輒被發去鍘草，相比之下，清宮對宮女算是比較「呵護」的了。可以說在清廷眼裡，太監不算人，但宮女大致還能算半個人。我想清宮對宮女的如此態度，大致源於兩點：其一，清廷吸取了歷史上宮闈黑暗的教訓，歷代宮廷往往對太監過寬，而視宮女之命如草芥。比如明代成化（明憲宗）時，由萬貴妃把持後宮，宮女紀氏被皇上臨幸，懾於萬貴妃的淫威，只敢偷偷生下皇子，即後來的弘治帝（明孝宗）。小弘治到六歲才與皇父相認，皇帝封紀氏為淑妃，但紀氏隨即暴亡。一個生下皇帝重要子嗣的宮女，並被封為后妃，說死就死了，而且死得不明不白，當時宮闈的黑暗可見一斑，明代政治上的混亂，與後宮無序有很大的關係。其二，清代宮女均選自上三旗（鑲黃、正黃、正白）包衣籍子女，也就是旗人。而其他朝代的宮女大多源於民間，甚至是俘虜，明代弘治帝的母親即宮女紀氏，便是此例。清代宮女的出身雖然不高，但世代為天子家奴，畢竟和皇家的關係更加親密。所以，清宮宮女的待遇還算不錯。

宮女的困境：入宮不易，出宮更難？

入選，落選。福兮？禍兮？

清代早期，宮裡的女性服務都是由命婦（高級官員之妻）入宮提供，她們是一種有上下班制度的臨時工。但順治時，孝莊文皇后突然停止這項制度，有很多史料顯示，可能和董鄂妃入宮有關，這是題外話了，不過清宮由此開始設立宮女制度。

一般來說，清代宮女主要是透過選

秀制度入宮，基本流程與選妃相似，選看標準也大致相同，主要是看這女子是否聰明伶俐、外貌是否端正。康熙曾評價一些從各地莊園、打牲烏拉等地送來的備選宮女，說她們「未入俊美者」。倒不是皇帝一定要選漂亮宮女，但顏值一直是一項重要評價標準，而選秀時間緊、任務重，往往半小時就要看完幾百人，除了樣貌，大概也看不出什麼來。

在備選的範圍上，選妃和選宮女有些不同。其一，后妃選秀均選自八旗內正身旗人子女，宮女均選自上三旗包衣籍旗人子女；其二，八旗秀女年滿十四歲就要進入后妃的備選範圍，上三旗包衣籍女子滿十三歲則開始參與備選宮女；其三，選妃三年一次，選宮女一年一次；其四，八旗秀女被「留牌子」記名後，經過複選，大多數會直接入宮或嫁給皇子、皇孫，而上三旗包衣籍女子雖然每年都參選，但被選中也不一定馬上進宮，有可能被記名多次仍未進宮服役。清宮的宮女只服侍女性主位，就是太后、后妃、公主及皇子、皇孫的福晉，每人位下的宮女名額有限，宮裡缺人手了才會從記名女子中進行遞補，有些人在十三歲就中選，但可能十七歲才入宮。公主出嫁時，往往會從記名女子中挑選一些陪嫁到公主府，雖說也是宮女，但可能一輩子沒進過真正的皇宮。

我們在清宮劇常看到一類宮女，就是后妃的陪嫁丫頭，其實在真實的歷史中，這種事極少發生。皇帝的后妃在選秀後只能隻身入宮，沒有權力帶任何外人進宮。即便是娶皇后，依然沒有這種可能。只有皇子娶福晉時，陪嫁丫頭才有可能隨主子進宮服役。

《宮女談往錄》的口述人老宮女何榮兒曾說，進宮前要先在外受訓幾日，比如怎樣請安、怎樣回主子話等禮儀，還有一些入宮後要做的工作，之後就被分配到各宮服務。宮女主要負責侍候妃嬪的貼身事務，如幫忙盥洗、穿戴及漿洗衣服等衛生事務，鋪床疊被、收拾細軟等收納事務；隨侍左右、端茶遞水等服務事務；針織、刺繡等，就屬於精細活計了。總之，都是后妃居室當中最日常的家務，寢宮外的粗笨活，如灑掃、搬東西，由太監負責。

門外的紫禁城

宮女的任務雖不甚重，但終歸是侍候人的奴，尤其是內務府（由上三旗包衣旗人構成）出身的官員，更不願意讓女兒進宮當差了，他們的女兒在家都是嬌生慣養的大小姐，哪受得了這些苦。比如金朝宗室後裔、內務府第一世家完顏家，河道總督麟慶的女兒當年參加宮女的選用，落選後，他的兒子還寫過一首〈賀大妹撂牌子〉的詩文，以示全家歡慶。至清末，內務府世家的格局已經形成，官員們往往可以透過潛規則操作，不再讓自己的女兒入宮當差。

紫禁城裡的女主人們位下有幾名宮女，都是按級別分配，太后和皇后位下有十二名宮女，貴妃位下八人，妃位下六人，嬪位下六人，貴人位下四人，常在位下三人，答應位下二人，其餘地方一般不使用宮女，皇上身邊只需太監侍候。有檔案顯示，清宮裡曾有一些「學藝女子」，屬於南府等處的演藝人員。嚴格來說，她們應該算是宮女的身分，不過目前這方面的史料很少，她們是否都選自包衣女子，尚不明確，而且這些學藝女子更應該算作皇家戲班的藝人，並不是我們通常意義上的宮女。如此算下來，清代的大部分時期，宮女最多不超過二百人，比如嘉慶元年有份檔案，當時皇帝的後宮有八個嬪妃，位下宮女一共四十四人，再加上太上皇（剛剛退位的乾隆）后妃位下宮女，總共不超過百人。不過到了清末，慈禧太后生活比較奢侈，喜歡大排場，率先擴充宮女編制，宮女數量猛增。宣統朝，女性主位只有太后及四位太妃，但宮女數量卻多達一百二十二人。我們看很多清宮劇，為了顯示宮廷的排場，後宮當中總是鶯鶯燕燕地站滿宮女，不過這種現象只出現在清末的紫禁城。

清宮對宮女還是比較人性化，歷代宮女往往是終身制，一入宮門深似海，不僅貢獻自己的大好年華，更是永無出頭之日。而在清代，康熙下旨宮女三十歲可以出宮嫁人，雍正又把這個服役時限進一步縮短到二十五歲，大致以十年為限，很多人甚至二十一、二歲就可以出宮了。她們出宮後，常常由皇帝親自指婚，並形成慣例。這樣一來，宮女們對生活都有個希望，雖然清宮生活乏味，侍候人也是吃苦受累，但服役期滿就可以解放。尤其是皇帝親自指婚，不僅是一項榮譽，而且許配的人家一定比自己的門第高不少。宮女都是上三旗包衣旗人的子女，往往婚配之人也是包衣旗人的圈子，而且皇上選的婆家，大多是八旗的青年才俊，不少還有一定的官職，這一點不得不說雍正實在是個貼心暖男。所以宮女們比較害怕在服役過程被送出宮，因病出宮還好，理由說得過去，沒有皇上的指婚，就按原生家庭的人際圈出嫁，但因罪出宮或因笨出宮，便成為她們的汙點，出嫁的條件往往就要下修。

誰製造相差四十二歲的奇異婚配？

關於宮女出宮，清宮劇常有這種橋段，有些后妃生性跋扈，對自己用慣的宮女，便不願讓她出宮，到了出宮的年齡不將其上報，等於強行把宮女扣在宮裡。其實后妃對這種事基本插不上手，每年皇上都會責成內務府去查該年有哪幾位宮女應當出宮，由內務府大臣和敬事房總管太監等人交接此項事宜，和后妃毫無關係。比如雍正十一年的一份內務府奏銷檔顯示，這檔差事便是由內務府大臣莊親王允祿與敬事房總管（雍正時稱宮殿監督領侍）蘇培盛、領侍衛內大臣果毅公訥親等人辦理，而宮女的婆家，先由內務府在八旗中挑選，奏報皇上，而且要讓欽天監為他們合八字，八字相合，皇上才給予指婚，可見有多正式。

雖然沒有后妃的干擾，又有皇帝做主，但不代表宮女們就一定嫁得好。同是這份雍正十一年的檔案，當年被指婚的宮女有三人，其中兩位宮女都嫁給了八旗中的佐領（四品官），而且年齡大致相當，但第三位卻被配給了一位七十一歲的步軍校！雖然也是六品武職，但古稀老人的仕途，就像玻璃罐裡養蛤蟆——前途光明、出路實在不大。雖說這位宮女的年齡大了點，但也才二十九歲，相差四十二歲的老夫少妻，在那個年代，姑娘過了門，大概就被尊稱為老太太，甚至有可能四世同堂，這樣的情況實在不太正常。

如果說清宮向來如此，依慣例把出宮的宮女嫁給年老無依的旗人，也沒什麼好說的，只能說宮女的命運不濟；但一共嫁了三個人，其中兩個正常，而且都是優質「單身漢」，突然蹦出一位七十一歲的糟老頭，不得不令人生疑。雖然文獻中沒有說明是誰，也沒解釋為什麼，但可以推測，出現這麼不正常的情況，有可能是這位宮女或她的家人得罪過皇帝，或是說了什麼不該說的話，或是對后妃侍候不周。總之，一定是讓雍正不開心，但又不是什麼大毛病，無從處罰。乾脆賞一雙玻璃小鞋，讓她噁心一輩子。指婚，這一手「化骨綿掌」，看似體貼，實在是讓人「抽筋扒皮」，雍正與慈禧大概都奉行同一句話：「誰讓我一時不痛快，我就讓他一輩子不痛快。」

關於指婚，民間還有一種傳聞，就是把宮女指婚給太監，這就是無稽之談了。清代有「旗民不通婚」的制度，宮女雖為包衣籍，但畢竟是旗人。歷史上，不乏一些窮苦旗人因貧而冒充民人，暗中與普通漢人結親，等於透過女兒獲得一些彩禮錢，這類案件在檔案中多有記載，但當事人都被重判，有的甚至被發配邊疆。在宮廷中，皇帝更不允許這類事情在眼皮子底下發生，何況把宮女嫁給「六根不全」的太監。而且清廷一向重視明代的歷史教訓，對前朝太監與宮女禍亂宮闈的事非常敏感，從明文法規上就禁止他們過從甚密，對太監與宮女「結對食」（假夫妻）的事更是嚴之又嚴。

這些明文法條表明的是宮廷對此的官方態度，對大多數人產生震懾作用，但有時在執行方面，不一定那麼嚴格。比如康熙四十四年，皇帝的上諭明確規定，不許太監、宮女之間「叔伯姊妹」地相互稱呼，禁止他們以認親戚的方式有過多的私人往來。但《宮女談往錄》裡老宮女卻口述她與太監認親的事，由於老太監梳頭劉對她常有照顧，出於尊敬與感激，她常在梳頭劉經過的地方，給他請個跪安，並叫他一聲「乾爸爸」。當然，此時已至清朝滅亡的前夜，很多規矩已經名存實亡，太監與宮女間相互認親或許已經不再嚴管。老宮女訴說這段極富溫情的過往時還掉下眼淚，透過她的話語，特別能感受到一個年紀輕輕的女孩，在極為肅穆與壓抑的深宮裡，多麼需要他人給予情感慰藉。愈是冷酷的地方，就愈需要人與人之間的情感交流，這是任何時代都不可避免的，即便是在宮規最嚴的時期，人與人之間的交流或許存在，但在法規的嚴控之下，他們可能只是表達得更加含蓄。

在個別宮廷檔案的記載中，可以發現對「結對食」的處罰，也許沒有官方宣示的殘酷。乾隆十六年九月初五夜，寧壽宮太妃洛貴人位下的一名宮女翻牆到外院，至太監趙國寶的住所，持利刃自刎。皇帝聞報大驚，是什麼嚴重的事件，讓一名十幾歲的宮女，夤夜之間翻牆跑到太監的屋裡自盡？下令把太監趙國寶用九條鐵索綁拿關押，並讓內務府慎刑司嚴加審問。經審理，趙國寶供認他是直隸省東安縣人，年三十六，原來和本宮宮女五妞「相好」，並讓五妞替他做些生活上的雜務，後來因為口角而反目。到本年八月，由於趙國寶對主子洛貴人頂嘴，五妞順勢向洛貴人講了些他的壞話，說他平日私下曾罵過洛貴人。趙國寶氣不過，就開始說五妞平時當差不用心，而且誣告她偷洛貴人的東西，並有詛咒他人之事。聽到誣告，五妞急了，在夜裡趁著趙國寶巡更不在屋時，翻牆跑到趙國寶的值房，抹脖子自殺了。按太監趙國寶的揣測，五妞因被誣告，氣憤不過，便以死來坑陷他。如果一個宮女死在太監屋裡，無論是自殺還是他殺，一定都是巨大的罪責。慎刑司幾經審訊，並動用了掌嘴的刑罰，但趙國寶的供詞基本未動。

好在刎頸自盡的宮女五妞被救活了，慎刑司對她進行審問。經五妞招供，原來太監趙國寶在宮中向來跋扈。早年便有宮女巴彥珠為他洗衣服，後來年滿出宮了，便叫五妞來做這些事，他們並不是什麼「相好」，五妞稍有不是，趙國寶張嘴就罵，還用打小報告的方式對她進行威脅。原來有個叫七格的宮女隨意用了宮裡的白蠟，便被趙國寶告發，打了八十大板，並被逐出宮。五妞正是因為趙國寶誣告，怕賊咬一口入骨三分，洗脫不清，也被送出宮去，便一時想不開，深夜去趙國寶的住所自盡。透過宮女五妞的供狀，案件終於清楚了，慎刑司為此二人議罪。太監趙國寶凌虐宮女，搬弄是非，致使宮女負屈自盡，被發往東北打牲烏拉充當苦差；宮女五妞雖負冤屈，但黃夜間在深宮內翻牆，並以利器自盡，前往錦州與壯丁為妻。最後由莊親王允祿、大學士傅恆等重臣商議，趙國寶發與黑龍江與披甲人為奴，五妞替老病宮女當使喚女子，並且永遠在宮內效力。

從趙國寶的供詞來看，他是想把本案引到因感情產生的糾紛，未動刑罰，便說出與宮女五妞「相好」之事，而對平日欺凌宮女之事，即便被掌嘴也不肯交待。可見清宮對「結對食」的管理雖嚴，但並不會受到最重的責罰，否則他沒有必要隱瞞。不過，檔案記述中的「相好」一詞存在一些爭議，有人認為「相好」在當時可能是指二人之間的關係好，並非男女之情。不過，此事即便並不存在爭議，依舊只是個案，關於這個問題尚不明確，還需要學者們進一步研究。拋開「結對食」的問題不談，這個案件中反映出太監和宮女相處的資訊也很值得思考。比如從一些清宮制度來看，宮女的待遇比太監高，像是太監遇宮女須先行禮讓；在處罰上，同樣的問題，宮女則要比太監受到的懲罰輕得多，畢竟宮女也是旗人，地位不同。但從趙國寶案來看，他長期欺凌宮女而未受懲處，可見這種霸凌事件並未被杜絕。究其原因，我想更多是由於年長的太監在宮中已經見多識廣，相比年幼的宮女，他們成熟得多，都是「老油條」了，知道怎麼利用她們的軟弱，並有專門對付宮女的門道。制度雖然嚴格，但也是由人執行，比如太監與宮女在實際生活中的相處之道，從這個案件來看，還並非制度上寫的那麼簡單。

鍾粹宮職場必讀：如何升職加薪成為皇后？

都是皇后，大有不同

鍾粹宮是紫禁城裡東六宮[2]的一座重要宮殿，說它重要，主要是由於自道光朝開始，這裡便成為皇后比較固定的寢宮，道光的孝全成皇后、孝靜成皇后，咸豐的孝貞顯皇后，同治的孝哲毅皇后[3]，光緒的孝定景皇后都居住於此，鍾粹宮幾乎成為晚清皇后的專屬宮殿。滿人早期實行多妻制，側福晉其實

就是多妻制的遺存，入關後，皇后制度才得以徹底規範。從史籍的記載來看，清代定鼎中原後，算上「小朝廷[4]」時期的皇后婉容[5]，共有皇后二十五名。但從實際情況來看，皇后可以分為幾類，簡單來說，一種是生前冊封，一種是死後追謚，不過當中又有許多區別。首先，生前被冊封的皇后有三種：一是皇帝正式聘娶的皇后，即所謂「由大清門入者」，如康熙帝的孝誠仁皇后、同治帝的孝哲毅皇后；二是由於皇子繼位為皇帝，原皇子福晉被冊封為皇后，如雍正帝的孝敬憲皇后、乾隆帝的孝賢純皇后；三是由后妃晉封為皇后，如嘉慶帝的孝和睿皇后、咸豐帝的孝貞顯皇后。其次，死後被追謚的皇后有兩種：一是由於皇子繼位為皇帝，原皇子福晉雖故去，依舊被追封為皇后，如道光帝的孝穆成皇后、咸豐帝的孝德顯皇后；二是生前為皇帝嬪妃，去世後被追謚的皇后，如順治帝的孝獻章皇后、乾隆的孝儀純皇后。

當然，民間普遍意義上的皇后一般是指皇帝在位時的正妻，或是直接迎娶的，

鍾粹宮

或是由后妃晉升為皇后的，這樣的皇后似乎更具典型性，更符合皇家選后的標準。皇帝對後宮人員的選擇，不會受到太多約束，只要他喜歡便可立為妃嬪，即便有「旗民不通婚」的祖制，后妃中也時有民間女子，只是操作得比較祕密。但對於皇后的人選，清宮比較慎重。母儀天下之人，必須有能與皇家相對匹配的家世，而這種皇后出身家世的標準，在清代二百多年間也有一定的變化。

什麼樣的人家能與皇室聯姻？

清初，愛新覺羅家族的力量相對薄弱，需要用其他力量來壯大自己，聯姻便是一種最好的方式。努爾哈赤創業初期，建州女真的勢力尚小，他的妻子大多為滿洲其他部落國主或族長的女兒，如皇太極的母親孝慈高皇后、睿親王多爾袞的母親孝烈高皇后。

皇太極時，滿洲已經基本統一，為了謀求更大的發展，開始與蒙古王公聯姻，他的後宮中有三位福晉來自科爾沁部博爾濟吉特氏家族。這種滿蒙聯姻的方式一直延續到了順治帝，他先後迎娶的兩位皇后均出於該家族。不過到了康熙時期，天下已定，聯姻的方式開始出現變化。

滿蒙聯姻的方針雖然並未改變，且一直保持到清末，但此時清廷的力量已經極為強大，滿蒙聯姻的價值已經漸漸出離核心位置，從康熙開始，再也沒有一位皇后是透過這種方式冊立。與此同時，隨著皇權的日益強大，在滿洲早期皇室婚姻中顯得格外重要的部落國主、族長的身分，漸漸喪失影響力，取而代之的是皇后家族的官階品級與爵位高低。康熙迎娶孝誠仁皇后時，率先打破這種傳統。孝誠仁皇后赫舍里氏，即四大輔政大臣之首索尼的孫女，這門親事遭到鰲拜和蘇克沙哈強烈反對，反對的主因正是赫舍里家族早年只是普通部民，按滿洲舊俗，她沒有資格配與大汗為嫡福晉。後來在昭聖太皇太后（孝莊文皇后）的安撫下，鰲拜與蘇克沙哈方才作罷，但自此之後，舊時代部落國主、族長的身分便不做為選后時的核心標準。

自康熙起，皇后的人選大部分出身八旗世家。所謂世家，指的是在清政權下有幾代人出任過一、二品高官的家族，其中還有很多家族，因軍功或與皇帝的特殊關係，獲得過世襲爵位或世襲職務。到康熙時期，世家更為顯著的一個特點更加突顯，就是婚姻圈。在帝制時代，顯貴家族之間的聯姻是非常普遍的現象，是統治集團內部結構組合的重要方式，所以在清代，某一代人的官職品級並不是判斷一個家族顯赫與否的重要標準，主要是看他們家姻親的門第。清代世家經常會出現這種現象，世家家族裡的某一代人，沒立過戰功，沒考上過科舉，只透過蔭封[6]或捐納入仕，終生的官職都不高，或乾脆就是白身（平民），但他的姑父、姨夫都是朝中的巨僚，在這些親戚的幫襯下，他的下一代在某一方面稍微有點出息，就有可能做到一、二品的大員。民間常說的「滿洲八大姓」、「滿洲八大家」指的便是這種八旗世家。當代一些喜好攀附的人，總願意說自己家的老姓是葉赫那拉氏、瓜爾佳氏，就是滿洲八大姓之一，其實「八大姓」、「八大家」是某姓氏裡的某一世家家族的概念，只有那個家族的後裔才能算「八大姓」之一。

從康熙為自己的皇子們挑選嫡福晉的狀況來看，皇家與八旗世家之間的聯姻最為普遍，也偶有滿蒙聯姻或與高官聯姻，但均屬於比較個別的現象。自此，皇后和皇子嫡福晉的人選，基本出身於八旗世家，而且隨著時間推移，這種風氣愈來愈盛。晚清時，皇后的娘家僅有世家的身分可能還不夠，往往還要與愛新覺羅家族（宗室王公或覺羅）有過幾代的聯姻，才有資格。比如嘉慶為道光挑選的兩位皇后，即孝穆成皇后和孝慎成皇后。孝穆成皇后鈕祜祿氏，是清初重臣弘毅公之後，她與康熙的孝昭仁皇后、溫僖貴妃，乾隆的順妃、誠嬪，嘉慶的孝和睿皇后，均為同族。其實乾隆的生母、雍正的孝聖憲皇后也是這一族，不過他們家並不在這支脈下。孝慎成皇后佟佳氏，與順治的孝康章皇后、康熙的孝懿仁皇后均為同族，是康熙的二舅佟國綱的四世孫女。由於道光是嘉慶的嫡長子，在諸皇子中最為能幹，嘉慶對他一直按皇儲的方式培養，為他挑選的嫡福晉就是日後的預備皇后，鈕祜祿氏和佟佳氏的家族情況，在清代選后的標準方面，很具有代表性。近年來，由於清宮劇的渲染，在坊間的認知中，彷彿嫡庶的出身是一個特別大的問題。按那些清宮劇的邏輯，貌似嫡出的人有高貴的鍾粹宮垂花門身分，而庶出的人則完全無法享受父族帶來的一切待遇，這種嫡庶之分也影響了宮廷選后。所謂嫡出、庶出，源自中國古代的宗法制，實際上是一種爵位繼承方面的排序法則，規定妻生子與妾生子的尊卑秩序，但其實在中國歷史上，這種嫡庶之間的差別從未達到某些清宮劇的誇張程度。

清代早期，滿人還是比較看重嫡庶的身分，比如努爾哈赤的庶子都沒有什麼參政權。但那時是多妻多妾制，像皇太極的「崇德五宮」，即一后四妃，她們之間的地位不像一般妻妾的區別那樣大，他們當時說的嫡子和入關後的嫡子其實不是同一個概念。入主中原後，滿人很快改成一妻多妾制，但嫡庶之間的尊卑反而愈來愈淡，尤其是那些不會涉及爵位繼承的女性。愈至晚清，嫡庶之間愈沒有差距。著名的孝貞顯皇后（後來的慈安太后），就是妾生的庶女，但這一點也不妨礙她成為皇后。她在咸豐二年參加選秀，即被皇帝當作重點培養對象，很快由嬪

鍾粹宮垂花門

晉為皇后。咸豐選后主要考察她的世家身分和入宮後的表現，明顯對於嫡庶問題沒有太放在心上。可見，就清代中晚期的宮廷來說，嫡庶並不影響后妃的晉升。

不過，影視劇過分強調嫡庶問題並非空穴來風，很可能是源於韓國的歷史劇。歷史上，李氏朝鮮確實對於嫡庶有極其鮮明的分野。他們一直特別尊崇宋代理學，但在中國的明代中期，王陽明創立了「心學」，提出的人應該在一定程度上享受「七情之樂」，宋代理學提倡「存天理滅人欲」，王陽明則認為應對這種思維進行一些解放。解放思想，讓人活得更世俗一點，多好的事啊！但李氏朝鮮的大儒們不但不接受，還極力反對，甚至反其道而行之，提出更壓抑人性的學說，並從思想外化到生活。嫡庶之間的差距達到天壤之別，就是這個時候出現的，其實和同時代中國的情況正好相反。清宮劇出現這種嫡庶的邏輯，只能說是穿越到了那個時代的朝鮮。

皇后的日常：主持人與好媳婦的身分切換

一般來說，皇后的職責就是保持賢良淑德的傳統女性形象，比如出席並主持禮儀性活動及侍奉太后、皇帝等。禮儀性活動是皇后職責中的重中之重，漢代的蕭何曾說「非壯麗無以重威」，自古以來，宮廷的禮儀格外突出其宏大和繁複，母儀天下的皇后是宮廷極為重要的一員，自然要頻繁地參加各種禮儀性活動，以彰顯宮廷的穩定和國家的安寧。大量清宮的慶典活動，皇后都要參加。後宮眾嬪妃、宗室福晉、高官命婦，即所有參與典禮的女性都要在皇后的帶領下完成各項禮儀事務。再如皇子、公主的婚禮，嬪妃們也要在皇后的率領下接受朝賀和禮拜。簡言之，清宮有女性參加的活動，她們都要唯皇后馬首是瞻，太后雖位在皇后之上，但她屬於「已經退休的前首領」，只是享受禮儀過程，具體事務均由皇后操辦。

除了一些需要女性參與的慶典，清宮中還有很多只有女性參加的典儀，均要由皇后親自主持，如坤寧宮的日常薩滿祭祀，再如每年春季的親蠶禮、躬桑禮，其中最為著名的當屬親蠶禮。所謂親蠶，即取男耕女織之意，突顯女性在農耕文明中的責任，皇后要充任主祭。祀儀前兩日，皇后要率領後宮眾妃進行齋戒。到了祭祀當日，皇后帶領後宮及王公福晉和高官家中的命婦出順貞門至先蠶壇（今北海幼兒園），在眾人的陪護之下，完成進香、行禮、飲福酒、送神等一系列活動。禮成後，再由皇后率領眾人更衣回宮。

侍奉太后是皇后在禮儀活動外的另一項重要任務。清代以孝治天下，皇后如同一個舊式家庭的兒媳婦，丈夫每天在外忙碌，陪伴、侍候高堂老母的任務自然就要由皇后主理。平常的時候，皇后每天都要帶領嬪妃們向太后請安，所謂晨昏定省，至少一日兩次。太后日常的休閒，比如聽戲、聊天，皇后是首席陪伴人。如乾隆時，崇慶太后每到圓明園遊覽，都會住在孝賢皇后的長春仙館，皇后一定要做出侍母最孝的表率。從晚清的文獻來看，每月初一、十五，皇帝和皇后還要向太后侍膳。所謂侍膳，就是兩個人站立著侍候太后吃飯。《宮女談往錄》記錄一段大年初一時，光緒帝和孝定皇后侍膳慈禧太后的場景：

> 皇帝、皇后侍膳，一個在東、一個在西……皇帝執壺，皇后把盞，雙雙給老太后祝福……老太后非常迷信，皇帝也很知趣，先布吉祥菜，祝福老太后萬壽無疆，祝老太后吉祥如意。皇帝布一道菜，皇后念一道菜名，像念喜歌的一樣，配合得很好。

皇后主持代表女性職責的祭祀，以女主人的身分參加慶典，以示賢德；侍奉太后，以表孝心，可以看出，皇后最重要的職責就是替天下的女性發揮模範帶頭作用。在日常的宮廷生活裡，皇后還有很多要彰顯婦德的瑣事，比如要為皇帝縫製荷包一類的隨身物品。《內務府造辦處檔案》常有皇帝讓皇后製作小物的記載，其中最有名的就是孝賢皇后為乾隆帝製作的極具滿洲舊時風格的鹿羔皮荷包，現藏於臺北故宮博物院，既顯示皇后的賢慧，又昭示節儉之風。其實皇上的衣食住行都有專人侍候，不像普通人家需要媳婦（皇后）親自動手，這樣做不過是一種姿態，清宮就是希望以鍾粹宮後院「天下第一家庭」的每一處生活細節，為世人做出表率。

與嫡庶之分一樣，清宮戲將皇后的職權過分的誇大。《國朝宮史》記載「皇后居中宮，主內治」，也就是說皇后為後宮之主，掌管內廷事務，但清代皇后所掌管事務的範圍並沒有民間想像的那麼廣，或者說，皇后手裡的職權，遠不如老百姓想像的那麼大。不少清宮劇裡總有皇后（甚至是高位分的后妃）責罰其他后妃的橋段，動輒下令罰跪，甚至命人責打，其實在歷史中都不存在。在清宮，后妃只有稽查參奏的權力，沒有處置權，也就是說她們可以查驗別人的違法、違規行為，但只能打小報告，等皇帝處理，即便是皇后也如此。

根據道光十五年一份檔案的記載：「朕因劉宮（官）女子一事，甚怪皇后奏遲，昨晚當面將皇后申飭，宮中事務豈容片刻耽延。」劉官女子原係

鍾粹宮後院

曼常在，因犯宮規獲罪，被道光帝降為宮女子，具體什麼案由，現在尚不可考。從這份檔案的記載來看，常在幾近妃嬪位分的邊緣，即便犯了宮規，皇后依然只有參奏之權，彙報晚了，還會受到皇帝批評。而這位皇后不是一般人，正是道光朝最受寵愛的孝全成皇后，她出於什麼考量，沒有向道光帝即時彙報，目前還不能確定，但至少可以看出，即便是集萬千寵愛於一身的皇后，也不能直接處置其他嬪妃。

皇后不僅無權處置后妃，甚至連很多宮女、太監也不能自行處理。《國朝宮史》記載：「非本宮首領、太監、女子不可擅行使令。」也就是說，宮女、太監們只聽命於自己的主子，外人無權調遣。別說處罰，在徵得本宮主位同意前，即便貴為皇后，連其他妃嬪的宮女、太監都指使不動，這可能就更讓人跌破眼鏡了。所以，在清宮裡只有一個人擁有處置權，就是皇帝，就是歷史書裡寫的「權力高度集中」。

清宮女性收入報告：后妃生活真的很優越嗎？

後宮女人之間的差距有多大？

皇后乃至后妃們的生活待遇非常優越，衣食住行的每一項都有極為豐厚的物質支持，並由官方形成制度保障。清宮是個格外突顯等級的地方，後宮位分依次為皇后、皇貴妃、貴妃、妃、嬪、貴人、常在、答應。其中，嬪級以上都有固定的名額，即皇后一名、皇貴妃一名、貴妃二名、妃四名、嬪六名，貴

人、常在、答應無定額，一般不可超額。每一個位分自然都會有相對應的各項待遇標準，皇后的標準為最高，答應則最低，不可逾越，清宮稱之為宮廷分例。

比如，皇后每年穿衣所用衣料共三十類，分別為蟒緞二匹、補緞二匹、織金二匹、妝緞二匹、倭緞四匹、閃緞二匹、金字緞二匹、雲緞七匹、衣素緞四匹、藍素緞二匹、帽緞二匹、楊緞六匹、宮二匹、潞四匹、紗八匹、里紗八匹、綾八匹、紡絲八匹、杭細八匹、綿八匹、高麗布十匹、三線布五匹、毛青布四十匹、粗布五匹、金線二十綹、絨十斤、棉線六斤、木棉四十斤、里貂皮四十、烏拉貂皮五十。皇后的分例種類最豐富、數量最多，自皇貴妃以下標準依序遞減。到了答應這一級則只有十類，分別是雲緞一匹、衣素緞一匹、藍素緞一匹、彭緞一匹、宮一匹、潞一匹、紗一匹、綾一匹、紡絲一匹、木棉三斤。對比之下，各位分之間的差距非常大。

為了比較清晰地展現各位分之間的差距，我根據《國朝宮史》的記載，針對比較有代表性的門類列了一張表格如下。

窗外的宮門

後宮分例簡表

位分	宮女	年俸（每年）	器皿（最高可用）	瓷色（最高可用）	燈燭（每日）	皮毛
皇后	10	銀 1000 兩	玉、金	黃	白蠟 5 支、黃蠟 4 支、羊油蠟 10 支、羊油更蠟 1 支	里貂皮 40、烏拉貂皮 50
皇貴妃	8	銀 800 兩	銀	白裡黃	原文未載	里貂皮 30、烏拉貂皮 40
貴妃	8	銀 600 兩	銀	黃地綠龍	白蠟 2 支、黃蠟 2 支、羊油蠟 5 支	里貂皮 20、烏拉貂皮 30
妃	6	銀 300 兩	銀	黃地綠龍	白蠟 2 支、黃蠟 2 支、羊油蠟 2 支	里貂皮 10、烏拉貂皮 20
嬪	6	銀 200 兩	銀	藍地黃龍	白蠟 2 支、黃蠟 2 支、羊油蠟 2 支	里貂皮 4、烏拉貂皮 20
貴人	4	銀 100 兩	銅	綠地紫龍	白蠟 1 支、黃蠟 1 支、羊油蠟 3 支	里貂皮 4、烏拉貂皮 10
常在	3	銀 50 兩	銅	五彩紅龍	黃蠟 2 支、羊油蠟 1 支	無
答應	2	銀 30 兩	銅	無特殊瓷色	黃蠟 1 支、羊油蠟 1 支	無

這個表只是對後宮分例進行簡要分析，表中所列的各類器皿，指的是房屋中家具以外的各類擺設用具。皇后的等級最高，涉及的種類最多，數量也最多，按貴重程度排序，依序有玉、金、銀、銅、錫、鐵、瓷、漆。其他妃嬪根據這個標準，依照位分的高低再不斷簡化，表中只顯示她們可使用的最貴重器物質地。

再如表中所列的瓷色，指的是后妃們生活上所用瓷器的顏色和紋樣。在中國傳統社會，不少顏色和紋樣不是什麼人都能使用，而是參照等級、身分，有嚴格的標準劃分。類似清代大臣官服上的補子[7]和官帽上的頂珠[8]，文官一品補子上繡仙鶴，二品繡錦雞；武官一品補子上繡麒麟，二品繡獅子；一品官帽頂珠用紅寶石，二品用紅珊瑚，三品用藍寶石，四品用青金石。從各種生活用具上，一眼就可以分辨人的等級地位，后妃們的瓷器也是如此。大家都知道，清代只有皇帝才能用明黃色，因此只有皇后能以正妻的身分使用黃色，皇貴妃做為副后，只能用白裡黃。自貴妃以下，所用的瓷器紋樣最高只能配以龍紋，還要依照各自身分，劃分出顏色背景和龍的顏色，到了答應這一級，連龍紋也不配使用了。

從後宮分例的內容可以看到，後宮八個位分之間的待遇存在不小差距。現代人可能對吃穿的事情已經不太敏感，對顏色、紋樣的特權更沒多少概念，我們不妨以清宮的室內燈燭照明進行比對，感受一下這種生活待遇的差別。皇后的分例裡有戳燈二十、香几燈十、羊角手把燈

四、銅瓦高燈四、銅遮燈一、銅蠟扦十四、鐵座更燈四，共五十七盞；每天可用的蠟燭有白蠟五支、黃蠟四支、羊油蠟十支、羊油更蠟一支，共二十支。到答應這一級，只有銅蠟扦一、羊角手把燈一，共二盞；每天可用的蠟燭共二支。

兩支蠟還不能同時點，用完可就沒了，半夜想起身，只能摸黑了。當然這只是從數量上對比差距，不妨更具象地腦補一下，清宮的夜晚，皇后在十名宮女的簇擁下，坐在燈火通明、照如白晝的廳堂裡，而位分卑微的答應只守著一盞孤燈，對著兩名宮女，大眼瞪小眼。對比之下，答應實在是慘了點，想讓屋子裡燈火通明，就得「打怪升級」。無怪一些劇組喜歡拍類似不惜一切代價也要勾心鬥角的宮鬥劇，級別之間的待遇差距著實太大了。清宮女子為了生活，也是拚了。

一個椎心的殘酷真相

雖然皇后、貴妃們在宮裡享受著超豪華的生活待遇，其實她們也面臨一個無情的事實；無論她們生活中擁有多少緞匹、器皿，甚至俸銀，她們對這些東西都沒有實質物權。所謂實質物權指的是什麼呢？這點乾隆在《欽定宮中現行則例》表述得非常明確：

諸太妃所有一切，俱係聖祖皇帝所賜，諸母妃所有亦是世宗皇帝所賜，即今皇后所有，是朕所賜，各守分例，樽節用度，不可將宮中所有移給本家，其家中之物，亦不許向內傳送，致涉小氣，嗣後本家除來往請安問好之外，一概不許妄行。

乾隆這段話的大意是說，我奶奶們的一切，都是我爺爺給的；我母親們的一切，都是我父親給的，我嫡庶妻子們的一切，都是我給的，你們對所有物質上的東西，都只有使用權，沒有所有權，這些東西只有一個主人，就是我本人。娘家的東西不許送進來，宮裡的東西也不許送出去。舉個簡單的例子，后妃們在宮裡只能憑分例過生活，如果某位皇后在宮裡的分例非常豐厚，但她的娘家生活上需要用錢，皇后想接濟一下，這是不可以的。再如某位答應在宮裡生活待遇低，遠沒有在家裡過得好，娘家有錢想補貼一下女兒，也是枉然。

道光二十四年，彤貴妃犯了物權方面的錯誤，被皇帝直接降為貴人。道光得知太監李得喜的大量財物來自彤貴妃的賞賜後，極為震怒，命內務府大臣將他送到刑部嚴加審訊，並說彤貴妃「實屬大負朕恩，有玷貴妃之位，著革去貴妃，降為彤貴人，其金冊、寶印，即行交出」。

貴妃與貴人雖一字之差，卻是千里之遙。雖說后妃給太監一些賞賜，其實屬於微不足道的問題，道光做得比較過分，但賞賜過多，其實是觸碰宮中物權的底線，招致皇帝如此無情的處置。

彤貴妃事件還不是極致，清宮對物權問題還有更椎心的舉措。我們現在去北京故宮遊覽，很少能看到哪件文物明確標示是哪個后妃用過的，這和清宮物權有一定關聯。后妃對所有物品都沒有所有權，在她們去世後，如果沒有皇帝的特批，她們的遺物都會迴圈再利用，尤其是她們原有的首飾一類物品，或是轉贈他人，或是直接熔化，以後再做他用。在清宮，今年頭上釵，明年就可能變成他人手上鐲，這是再正常不過了。孝儀純皇后（令妃）應該算乾隆的寵妃，她在乾隆四十年正月二十九日薨逝，同年十月十三日的《內務府奏銷檔》顯示，皇帝已經批准將冊封她為令貴妃時賜予金冊熔化，以後另行他用。看了這些清宮的檔案記載，著實深切地體會到錢財實在是身外之物。

基化門的逆襲：小地方迎來大女主

一座告訴你位置也找不到的門

基化門是紫禁城裡一扇極為普通的門，位於坤寧宮殿後東側，間隔了「後三宮」（乾清宮、交泰殿、坤寧宮）與東一長街，位置不起眼，規格也不高，形制更沒什麼特別，很少引起人們的注意。可沒想到，翻閱清代宮廷檔案時，卻意外發現基化門竟然是個後宮居所，而且住的不是普通的太監與宮女，而是位分不低的嬪妃。

咸豐六年、八年、九年，基化門分別交出三名宮女，或是因笨，或是因病，由內務府安排她們出宮。一般宮女出宮的檔案，要寫明她們所屬的某宮和某嬪妃，但檔案上顯示，這三名宮女原來均在玟嬪（咸豐六年、基化門匾額八年時為貴人，咸豐九年時為嬪）位下，也就是說玟嬪是以基化門為寢宮。這就令人難以理解了！在我們的常識範圍裡，門只是房子的部件，怎麼住人呢？即便說的是門道，也不是一個正常人可住的地方，莫非這位玟嬪身體異常，只能住在絕對通風的地方嗎？

為了釐清這個問題，我曾到北京故宮博物院進行實地考察，內三宮與外界之間並非簡單地以牆相隔，而是建成排房，基化門以

原基化門內小院，今改稱「坤寧東院」

基化門匾額

門道的形式隔在排房中間，而門道兩側的房間可以住人。不過，《清宮述聞》給予的文獻線索顯示，基化門兩側西向的排房大致是太醫的夜間急診值班室，而從制度上看，清宮顯然不會把這樣簡陋的值班室分配給后妃常住。這個問題一度被擱置很久，直到近期翻閱檔案時，不經意間發現了答案。

道光二十四年，七阿哥因出喜痘，在基化門掛彩。出喜痘就是天花，出天花掛彩，其實就是一種沖喜，而掛彩的位置是「基化門內北圍房」。原來，所謂基化門指的是基化門內，也就是基化門一側的後三宮院內，而非基化門本身。這一側北邊有五間被宮牆圍起來的排房，形成一個小院子，在坤寧門的東側，就是所謂的「基化門」。現在這裡已經被改造成供遊人喝咖啡、吃簡餐的小餐廳了，今改稱「坤寧東院」，院子裡還擺了幾個茶座，圍牆的東、西兩端各開一個角門，人們基本上由此出入。

眾所周知，道光的七阿哥就是醇親王奕譞，光緒皇帝的生父、宣統皇帝的祖父，生於道光二十年九月，他出天花時還不足四歲。清代中後期，皇子、公主大多與生母一同居住，不過奕譞患的是傳染病，基本上要與母親隔離生活，其母莊順皇貴妃應該沒住過基化門，此時的基化門應該是用於隔離的暫時性居所。無獨有偶，在另一則檔案中，我還發現嘉慶時有兩位宗室格格同住在端則門，端則門和基化門相對稱，是後三宮的西側門。那麼這兩位格格住的所謂「端則門」，應該就是與基化門院落對稱的、由宮牆圍住的五間排房。所謂宗室格格，就是說她們並非皇帝之女，是由宮外接入宮內暫住或生活的，相較於道光時七阿哥的暫時居所，基化門的規格比較符合她們的身分。

現在我們已經很清楚基化門其實是個小院，但長春宮、景仁宮這種東西十二宮的宮殿才是印象裡嬪妃的居所，而且紫禁城裡的房屋有九千多間，基化門、端則門這種小院子，目測含院子就一百多平方公尺，一位因傳染病被隔離的皇子，兩位從宮外接來住的宗室格格，從規格上看，住基化門倒沒什麼可說的，但一位後宮主位怎麼也住在基化門呢？這就有點不合規矩，我們不妨從玫嬪的生平來找一找線索。

玫嬪，徐佳氏，正黃旗包衣出身，以宮女身分入宮，後被文宗看中，咸豐三年封常在，後晉為貴人，但在咸豐五年，因淩虐宮女被降為常在，後又因與太監說笑，直接被降為宮女（只是等級為宮女，依舊是主位身分）。根據檔案，咸豐五年時，她住在永和宮；咸豐六年時，搬入基化門。由於皇帝對她的懲處是罰她在基化門居住，似乎是一種比較合理的解釋。

但徐佳氏並沒有因此一蹶不振，被嚴懲後，她很快又奪回皇帝的恩寵，當年便又被提升回貴人。之後，徐佳氏的后妃生涯處於平穩期，而且咸豐八年二月，徐佳氏還為皇帝誕下一名皇子，只是這名皇子出生後就夭折了，非常可惜，但在同年依然因此被冊封為嬪。

徐佳氏在咸豐五年是因罪被罰入基化門，但咸豐八年，她在基化門生下阿哥，同年在此被冊封為嬪。而且在「掛彩檔案」中，同在咸豐十年行冊封典禮時，玟嬪所住的基化門和祺嬪所住的承乾宮，都掛彩以示慶賀。從這些舉動來看，基化門似乎與處罰毫無關係，這個小院子是怎麼成為后妃的常住宮殿呢？我們不妨從咸豐時期的后妃居住條件做進一步分析。

原基化門院內

大女主緣何蝸居小地方？

紫禁城裡的後三宮和以此為中軸對稱的東西十二宮[9]，是禁宮以內的核心區。從制度上說，這些宮殿是分給當朝皇帝的后妃居住。從實際情況看，東西十二宮隨著時代發展不斷減員。康熙時期，皇帝將景陽宮用以存書，不再供后妃居住；乾隆時期，為了悼念去世的孝賢皇后，把她居住的長春宮列為專門的紀念館，直到同治元年，兩位皇太后共居此宮，其間的一百年，長春宮無人居住；嘉慶初年，乾隆去世時，嘉慶在咸福宮為其苫次（服喪），從此以後在這裡住過的后妃就不多了；咸豐時期，皇帝乾脆把咸福宮劃給自己，之後再無妃嬪居住；道光時期，永壽宮成為公務場所，從此再無后妃居住；道光二十五年，延禧宮被大火全部燒毀，直到宣統時才開始復建；咸豐九年，皇帝將啟祥宮與長春宮打通，成為一個四進的院落。如此，咸豐朝，東西十二宮中能夠分配給后妃的宮殿只剩一半。

透過對咸豐后妃一些檔案的梳理，可以看到皇后一直住在鍾粹宮；懿貴妃自入宮便一直住在儲秀宮，與她同住的還有伊貴人、璷貴人、慶貴人、玉貴人。麗嬪、鑫常在住永和宮，玟嬪在咸豐五年時也在此住過。雲嬪、祺嬪、春貴人、吉貴人住承乾宮，鑫常在和玟嬪也曾以此為寢宮。婉嬪、璹貴人住景仁宮，瑃常在住翊坤宮。從目前已知的咸豐后妃來看，尚有禧貴人和容貴人的寢宮未被發現。

從上述居住狀況來看，可以看出清宮的后妃，經常是幾個人住在一個宮，她們又是怎麼住的呢？一般來說，各宮都是兩進的院子，坐北朝南的正房有兩座，外院那座掛有某某宮匾額的正殿主要用於禮儀性活動和小憩，主要以後殿為臥室，一般是「前殿後寢」的形制。后妃數量少時，可以一個主位獨占一宮，人多的話，可以將後殿的東西次間、梢間分與兩位后妃，同時院子裡的東西廂房也可以分配給某個或某幾位嬪妃。比如咸豐九年，懿貴妃與璷貴人、玉貴人、慶貴人四人同住儲秀宮，大概就是如此分配的。

清宮劇演繹幾位后妃同住一宮的情景時，往往會表現出妃嬪間的上下級關係。清宮劇經常安排某位嬪以上的后妃做一個宮的主位，就是一宮之主，這個宮裡再加入一個貴人以下的后妃為次位，次位從屬於主位。乍看很有道理，畢竟嬪以上的后妃都有固定人數，晉升時還有冊封禮，身分比較高。《國朝宮史》說她們是「分居東西十二宮，佐內治」。而貴人及以下后妃的位分是從清初「庶妃」發展而來，既無定數，也無封號，身分自然就顯得較低。《國朝宮史》說貴人及以下是「隨居東西十二宮，勤修內治」。她們同住一個宮，尊卑是從制度上規定，貌似應該有從屬關係。但實際情況往往不是這樣，比如道光朝的和妃、恬嬪同住延禧宮，咸豐朝的麗貴人與鑫常在同住，而同治初年，慈安、慈禧兩位太后同住長春宮，誰當一宮之主呢？誰又從屬於誰呢？其實，雖然每個宮都會以位分高的后妃為首領主位，但並不是上下級關係，比如首領主位對其他人有一些監督作用，以及一些日常生活上的物品分配問題，比如貴人的嬪妃分例沒有明確分配乳牛，她們的日常用奶往往會從首領主位的分例分配，但不存在誰服從誰的事。在清宮，位分的高低有點類似職稱，比如同一個教學發展中心裡有教授、副教授和講師，彼此間有資歷、待遇的差距，職稱低的老師對職稱高的老師往往更加禮遇，但他們並沒有上下級關係。

說回基化門，它成為后妃的常住宮殿，與咸豐時期后妃人數的變化有一定關係。玟嬪在咸豐三年被封為常在，由於之前一年的第一屆選秀，當時咸豐的後宮才剛充實，而她在咸豐五年還與麗嬪同住永和宮，可見後宮的房屋已經不那麼充裕，一人獨享一宮已不多見。咸豐五年，玟嬪獲罪，被降為宮女，可能導致她被罰在基化門居住，當然也不排除只是一次簡單的搬家，畢竟在同一年，她剛從承乾宮搬到永和宮。此後，她很快重獲聖心，並一直住在基化門。玟嬪之所以沒有搬走，或許有兩個原因。其一，基化門雖小，畢竟是獨門獨院，搬回其他宮殿，免不了要與他人同居；其二，隨著咸豐後宮漸漸充實，可住的地方愈來愈少，即便她想搬走，也沒有特別合適的地方了。

咸豐九年，懿貴妃、璷貴人、玉貴人、慶貴人四名主位共居一宮，而此時大阿哥（後來的同治帝）已經三歲了，這麼多人擠在一起，生活環境也不怎麼好。相比之下，基化門倒是個清淨的化外之地，而且位在後三宮的核心區，這裡就成為玫嬪的常住地。今天我們遊覽北京故宮時，不妨就到基化門裡坐一坐，品一品當年玫嬪生活的小院子，畢竟在眾多后妃的寢宮裡，這是唯一能讓人坐下來喝杯咖啡的地方了。

值勤打卡養心殿：翻牌子也要講儀式感

養心殿絕對是人們遊覽北京故宮時會駐足的地方。清代自雍正後，這裡便是皇帝最主要的辦公場所，批閱奏摺、與大臣召對，即便是清末的垂簾聽政，也是在這裡進行，在政治上的核心地位不言而喻。但人們投向養心殿的目光過於集中在政治，往往忽略它還是皇帝的寢宮，人們熟知的大量宮廷生活場景都發生在這裡。比如乾隆皇帝在此欣賞他最珍愛的古董、書帖；每逢大年初一在

這裡舉行的明窗開筆[10]；皇帝翻牌子的宮闈祕聞。

這個話題早已被人們熱議多年，而眾多不負責任的清宮戲，又為觀眾呈現出各種神奇的侍寢方式，很多民間傳說對此有各種豐富的渲染，弄得頗有儀式感。其中一個比較有代表性的場景是這樣：皇帝睡前要翻后妃的牌子，命其侍寢，被翻到牌子的妃嬪，去見皇帝前要一絲不掛，由幾名太監用一條大被子裹起來，只露出腦袋，然後一直抬到龍床，靜候皇帝到來。

這種說辭廣為流傳，相信大部分人在文學或影視作品中都看過這種場景，而且還會以「呂四娘刺雍正」的民間傳說為證據：雍正帝興文字獄時，江南名士呂留良遭掘墳戮屍，其女呂四娘喬裝為秀女，懷揣利刃，借侍寢之機，將雍正的人頭割下，以報一家之仇。此後，宮廷出於對皇帝安全的考慮，便開始上文提到類似「捲春餅」的侍寢方式。

對於宮闈祕聞，民間多不加考證，奇葩的豔史更容易受到歡迎，傳播範圍更廣闊。不過這種說法並非空穴來風，一些野史雜說確實對侍寢有過類似的描述，如《清宮詞》、《清宮遺聞》等，其中以《清代野記》的記述最為詳細，按該書中「敬事房太監之職務」一條：

> 帝食畢，太監舉盤跪帝前，若無所幸則曰去，若有屬意，則取牌翻轉之，以背向上。太監下，則摘取此牌又交一太監，乃專以駝妃子入帝榻者。居時，帝先臥，被不覆腳。駝婦者脫

妃上下衣皆淨，以大氅裹之，背至帝榻前，去氅，妃子赤身由被腳逆爬而上，與帝交焉。敬事房總管與駝婦之太監皆立候於窗外。如時過久，則總管必高唱：「是時候了。」帝不應，則再唱，如是者三。帝命之入，則妃子從帝腳後拖而出，駝妃者仍以氅裹之，駝而去。

這段記載說的是皇帝每日在晚膳後翻牌子，有個太監專門負責去背后妃，等后妃到寢宮，還要從皇上的腳下爬進被窩。而敬事房總管和那位背妃嬪的太監還要留在窗邊聽，負責提醒皇上不可縱欲過度。待后妃侍寢完畢，再由那位太監負責把她背回去。此外，這篇記載後續還提到如果皇帝不想讓這名妃子懷孕，太監能透過按摩的土法避孕，因為太過荒唐，我就不予摘錄了。

民國初年，這個門路的「宮廷祕聞」比較多，但和以往清人筆記對宮廷生活的描述相比，內容水準有很大的差距。一八九八年經歷「戊戌政變」後，光緒帝被囚於瀛臺，宮廷已經有十多年沒出現過后妃侍寢的事情，大多數宮女、太監並沒有親身經歷。這類侍寢的說法多是一些宮女、太監道聽塗說來的，這些人本身沒有受過正規教育，沒什麼辨別能力，在宮裡當差的時代或身分，大多遠離帝后生活，平日之間搬弄是非的對話多是捕風捉影、添枝加葉，實質上和那種「三隻蝦蟆五個眼[11]」的市井傳聞差別不大，但因為是所謂宮裡傳出來的，更容易讓人採信。加上社會在經歷清末多年的反滿革命宣傳後，民間更容易接受一些被醜化的宮廷奇聞，讓這樣的說法很有市場。像《清代野記》這樣的記載，嚴重違背清代宮廷生活禮法常識。大家都聽說過清宮的規矩極嚴，所謂規矩的根本就是禮法，即儒家所講的「君君臣臣，父父子子」，每個人要根據自己的身分位置，嚴守相對應的行為規範。規矩嚴苛，指的就是對身分界限有明確劃分，越界將面臨懲罰。后妃也好，皇帝也罷，都是如此，並不是說在後宮，皇帝就可以隨意踐踏他人尊嚴。一切懲罰都有規定，都是依照禮法行事，否則「君不君」，則「臣不臣」，這一點在清代後宮非常顯著。一些製作相對精良的清宮劇，已經不採用這種很能吸引目光的鏡頭，從另一面說明了這種謠傳的荒唐。

野史中的這種記述，皇帝對后妃「捲春餅」式侍寢要求，首先就是越禮之處，自降身分，按過去的話說是「不尊品」。后妃將衣服脫光，用被子裹住全身，從自己的居所被抬到皇帝的養心殿，即便她住的是距離養心殿最近的永壽宮，一路上形同遊街，而且嬪妃平日出行都有很多人侍候，即使是在御花園散步也有人陪著，都有制度安排，深宮的夜晚絕不會出現這種「豬八戒背媳婦」的場景，實在不合身分。負責背后妃侍寢的只有一名太監，不僅要背過來，還要背回去，清宮太監的數量向來都在三千人以上，何必只用一人呢？太有悖常理。

多年前，朱家溍先生曾在《故宮退食錄》對侍寢問題有比較詳盡的闡釋，至今是比較權威的研究。按朱氏研究，養心殿是皇帝的寢宮，翻牌子的事，基本上是在養心殿進行。清代皇帝早晚兩次進膳都會翻牌子，用早膳前，太監會呈上一個托盤，擺放的都是寫有大臣職務和名字的紅頭牌（王公專用）和綠頭牌，皇上透過翻誰的名牌，決定飯後和誰一起商議相關國事。至晚間，也是一樣的程序，皇帝會在晚膳前透過翻牌子決定要不要安排某位后妃侍寢。

屆時皇后以外的所有妃嬪都會在養心殿後的索春軒、樂春軒或燕喜堂等候，翻到誰的牌子，誰便留下與皇帝共進晚餐，然後點燈說話，吹燈做伴，明天早上起來梳小辮。其餘眾人就各自回宮，稱「叫散」，朱家溍先生說「等於下班回去了」。這個場景頗似老電影《大紅燈籠高高掛》，只不過電影裡的老爺把皇上的綠頭牌換成大紅燈籠而已，大概過去三妻四妾的生活都有類似的形式吧！後宮當中，皇后比較特殊，她不參加翻牌子，而且有單獨的住處，即養心殿後殿東側的體順堂，大概是為了突顯嫡妻的尊貴地位。

只要是住在紫禁城內，侍寢的事情大多發生在皇帝的居所，皇上很少留宿在后妃的宮裡，主要是由於清宮的禮儀規矩太過繁瑣。如果皇上要去某個妃子的住處，還沒出門，就必須有太監前去通知、安排，后妃要到宮門外跪接、跪迎，即便是皇后也得到殿外跪迎。我們知道《紅樓夢》裡元妃省親的場面，很早以前全家老小在園外跪接，皇帝去后妃住處雖然沒那麼大陣仗，但也相當折騰。僅這一點，皇帝會覺得麻煩，不如「打主場」，還能稍微省點事，而且清代皇帝一年約有三分之二的時間住在圓明園這樣的園林裡，那裡的規格沒有紫禁城高，規矩就沒那麼多，禮儀便可以簡化不少，把「打客場」這種事放在園子裡，免了不少麻煩，何樂而不為呢！

敬事房中人：人在屋中坐，鍋從天上來

宦官制度是中國古代的宮廷特色，歷史上的太監形形色色，清代專門設置敬事房，掌管一切太監事務。敬事房最早由康熙設立，並親筆題寫匾額，位於南書房以東，就是乾清門以西的圍房之內，現在與原南書房、內軍機事務處、外奏事處等房屋同為北京故宮博物院布置的宮廷壽誕展。大約在嘉慶以後，它搬到了東六宮的北側，就是乾東五所，比鄰的有壽藥房、四執庫、古董房和如意館，現在屬於未開放區域。

神祕的敬事房

敬事房又稱宮殿監辦事處，是太監的最高管理機構，有三名總管。康熙時總管為五品官銜，雍正最終將其確定為四品（李蓮英[12]雖然被破例提拔到二品，但這是極特殊的個案）。敬事房的主要職責有奉旨辦理宮內的各種事務和要行使的禮儀，呈送內務府各衙門的往來公文，管理各處太監的一應事務。雖曰管理，但他們之間並非隸屬關係，所有太監的相關事務都由敬事房行公文，決定權卻在皇帝手裡。對於所有的太監問題，敬事房都有稽查職責，裁決權依然在皇帝手上，不過是「使喚丫頭拿鑰匙，當家不做主」。

敬事房原址門外

可以說與皇家相關的地方都有太監，並設有首領太監，直接對皇帝負責。比如各宮殿，像乾清宮、養心殿、寧壽宮等；比如各園林，像長春園、圓明園、靜宜園等；比如各皇家寺廟，像雍和宮、永安寺、闡福寺等。此外，還有景運門、御膳房、古董房、造辦處、御書房、各地皇陵等，太監分散在很多地方，少則數名，多則幾十名。按該地的重要性和管理人數，各處首領太監品級由最高五品到沒有品級，甚至幾個地方才設有一個首領太監，各自不一。

一般來說，太監的工作比較簡單，無非端茶倒水、隨時侍候、打掃衛生、擺放物品、傳送文書、帶話捎信。只有少數屬於「技術工種」，如按摩處，專管請髮，就是剃頭；又如，一些皇家寺廟有充道士、充喇嘛的太監，專司誦經、上香等各種宗教事務；再如，鴿子房、鷹處、狗處的太監，專門豢養動物。最龐大也最專業的太監團體莫過於南府，道光時被削減並改為升平署，有演員、樂隊、劇裝、道具、化妝等專業，為宮廷演藝戲曲，屬於皇家藝人。

清宮對太監有多狠

清宮的太監制度有一個較長時間的演化過程，從康熙時初步明確，到乾隆朝徹底完善。康熙對於太監的管理比較寬鬆，雖然他吸取歷史教訓，撤銷父親順治仿明代宦官制度而設的十三衙門，復建內務府制度，並將敬事房歸屬於內務府掌儀司。但康熙對一些太監還是顯得過於信任，參與政務的程度比較深，比如總管太監梁九功、魏珠，他們貪汙受賄，結交朝臣，金庸小說《鹿鼎記》的韋小寶身上，多多少少有些他們的影子。不過康熙還是比較英明，沒有讓他們鬧出太大的問題。雍正即位後，對這些太監進行打擊，梁九功在雍正的授意下於景山自盡，魏珠被下放北海，此後雍正又進一步規範有關太監的規章。到乾隆時，對宮廷太監的管理進行最終的完善，貌似這位皇帝非常鄙夷太監，從制度設計上看，各項規章要求都極為細密繁瑣，呈現一種高壓的態勢。

乾隆剛即位就先懲治雍正的總管大太監蘇培盛，來個下馬威。雍正十三年十月十一日，乾隆下發多達十頁的上諭，嚴厲斥責蘇培盛，並提出太監「乃鄉野愚民至微極賤」這樣明確尊卑的指導性定義。從文獻的記載來看，現代人大概很難理解蘇培盛的「過分之舉」。比如太監見到王爺時，應該行跪見請安之禮，蘇培盛卻經常半跪請安，或執手問詢，還敢和乾隆的叔叔莊親王允祿「並坐而談」，乾隆申斥他「賞賜四品官職，非分已極，乃伊不知惶愧感恩，竟敢肆行狂妄」。

此外，皇子們在圓明園九州清晏觀禮的路上，蘇培盛在那邊吃飯，沒有回避，結果有些阿哥看到了，還找他一起坐下來吃。乾隆認為阿哥們與這樣「愚昧無知人」同桌而食，是不尊身分、不知檢點，而蘇培盛更是狂妄驕恣。當然，乾隆也知道這些行為稱不上罪大惡極，但他唯恐「星星之火尚能燎原，涓涓不杜終成江河」，要借蘇培盛殺雞儆猴，開始整肅太監的各種行為舉止。

乾隆特別將太監的罪責編制成成文法，如《太監偷竊官物治罪條例》、《太監偷釣園庭魚蝦治罪條例》、《太監犯賭治罪條例》、《太監私藏軍器治罪條例》、《太監和宮女自戕自盡分別治罪條例》、《逃走太監分別治罪條例》等，以規範他們的規矩，罪分三等十二條，輕者罰俸、打板子，重者發往周邊或偏遠地區充當苦差，甚至處死，並殃及家人。偷盜、私藏武器等行為被列為罪，我們還可以理解，但喝多了、打架、賭博、釣魚也要治罪，先打板子，再發往周邊充當苦差，就比較過分了。清宮嚴禁宮人自殘自殺，這種人多要拋屍荒野，並禍及家人；對量刑也給予極為細緻的劃分，太監自戕主要按他選擇的自殺方法和地點來分別定罪，抹脖子、上吊、投河覓井罪行不一，抹脖子比上吊判得重，因為死狀更難看，更容易嚇到主人；而同為上吊，在宮裡上吊比在行宮、園子裡判得重，都是髒了主人的一塊地，但宮裡地位更崇高、地方更狹小，影響就更大。

此外，關於太監逃跑的治罪條例更值得玩味，主要以逃跑的次數為依據，同時要看太監是否有自首的舉動。第一次逃跑並回來自首的會被打板子、罰款，可以發回原處繼續當差；如果是被逮回來的太監，在此基礎上還要發往吳甸鍘草一年。此後，凡再多逃跑一次，刑罰便會再重一些，治罪條例裡一直寫到太監逃跑五、六次後該怎麼懲處。一部成文法的一條罪名，竟然詳細到規定累犯至五、六次，說明清宮真的有太監逃跑了五、六次。可見在清宮當太監實在是個苦差事，規矩嚴、處罰重，寧可手術白做也不想幹了，寧可挨板子、鍘草也要前仆後繼地逃跑。從一些檔案的記載來看，這些太監逃跑後都會被通緝，而且好像很容易被抓回來。清宮檔案中常有此類記載，如雍正十一年，有個叫安國祥的太監從宮中逃跑，逃到南京了依舊被擒，時任江寧織造的高斌專門差人將其押解回京，並親寫摺子上奏皇帝。乾隆曾定制太監滿額為三千三百人，實際卻很少能達到這個數量。光緒時有過一次統計，太監總數不到二千人。清宮太監總是缺員，與他們對太監的高壓管理有大的關係。一個太監逃跑了五次，被抓回來依舊捨不得殺，可見宮裡多麼缺乏勞動力。

清宮不僅對太監的行為舉止約束極嚴，懲罰手段更是極盡嚴苛，太監們往往會因為別人犯錯而被株連。宮廷檔案中常常可以看到這樣的案例，后妃或宮女犯錯，該宮的太監也要被罰，動輒被發往甕山鍘草三年。因為清宮認為他們有稽查之責，但宮女卻少有株連。而更不近人情的是，敬事房太監又招誰惹誰了呢？往往有這種情況時，他們也會被罰，而且一罰就要扣掉一、兩年的工資。雖然敬事房對各處太監有稽查之責，但基本存在文字上，並沒有實質作用。更嚴重的是，有些案件裡，涉案太監已經被有司衙門證明清白時，依然會被他人株連，真是「身在家中坐，禍從天上來」，純粹是一種「車錢店腳牙，沒罪都該殺」的處理方式。乾隆四十五年七月，有個太監叫馬進忠，順天府宛平縣人，是個「半路出家」（成年後淨身為宦官），早年曾娶過媳婦。不料多年後，「前妻」馬吳氏因訛詐他人錢財並逼出人命，還到九門提督那裡誣告。案子鬧大了，原本是縣官管的事，竟然驚動了直隸總督；審案過程中，馬吳氏大概認為宮裡有人好辦事，琢磨著審案大人不看僧面看佛面，怎麼也得給點面子，就說自己的丈夫是宮裡的太監。清朝的法規嚴禁太監家屬倚仗太監的「勢力」在外鬧事，內務府怕馬進忠與「前妻」串通，干擾地方司法，調查這位馬太監是不是真有其人，結果很快查清審明，馬進忠在五阿哥之子綿憶位下當差。其實馬進忠自乾隆三十三年淨身後，已經與家中斷絕往來，在內當差也屬於老實安分，這個案子和他沒有絲毫關係。結果他的「前妻」因為誣告被判了打板子、發配，實屬應當，但整件案子馬進忠從頭至尾全不知情，連「莫須有」都算不上，卻依然被發配到偏遠地方當差，雖然未必是重體力勞動的苦活，但馬進忠整個職業生涯再無出頭之日。不過從清宮對於太監的管理思維來看，卻極為正常。

太和門外的銅獅子

清宮形形色色的太監案中，各種嚴厲且奇葩的判罰層出不窮，所以他們大多被管得服服貼貼。加上宮廷在日常行為上約束極嚴，太監們的舉止都顯得老實規矩、出入有序。比如皇帝與大臣談論公事時，太監要主動回避，站到殿外去，不可偷聽國家大事；面對皇帝，他們絕不敢隨便多言，平時沒有他們說話的分，原則就是不問不答；后妃位下的太監，基本上是在院子聽差，沒有事情吩咐，不能隨意進屋。很多清宮劇有太監和主妃談笑的鏡頭，其實都是大忌。咸豐的玫常在徐佳氏被直接降為宮女，其中一項大罪就是和太監孫來福談笑，徐佳氏被降職，孫來福自然也被重責發配。不過，有些清人的回憶錄裡，曾記述太監為女主子講笑話的場景，但這些女主子都是太后、太妃。大概對於長輩女性，就沒有這麼嚴格的禁忌了。此外，太監在打掃宮殿時，儀態要格外恭敬，在路上遇宮女時，要盡量讓行。為了吸取明代的教訓，太監與宮女不准認親，哥哥、妹妹是不能亂叫的，更不可「結對食」，這在清宮是極重的罪責。

太監職場掙扎史：走紅靠才藝、升遷改門庭

清代對太監的管理雖嚴，成功地避免歷史上宦官干政的弊端，但皇帝或太后跟前總有些紅

人，比如梁九功、李蓮英，他們算是在嚴酷的體制下獲得個人成功。什麼樣的太監在清宮更容易獲得寵信呢？能說會道，辦事伶俐，還是能夠揣摩聖意？這些可能都是，但這些能力並沒有相對具體的衡量標準，倒是有一個摸得著、看得見的實際指標，讓不少太監在清宮裡紅了起來。清代宮廷特別喜歡戲曲，皇家專門養了一個龐大的戲班，有大量太監專門從事戲曲演出，很多太監正因為突出的表演才能而獲得賞識。比如隆裕太后寵信的太監小德張，就是因為唱戲而紅起來，這在很多清人筆記和回憶錄中曾被提及。再如慈禧太后的太監李蓮英，雖然他不是因此受到信任，但也有一定戲曲方面的才藝，李蓮英曾幫助同治皇帝一同演戲，哄太后高興，會戲、懂戲，至少是受賞識的因素之一。就連視太監為「鄉野愚民至微極賤」的乾隆，也有自己喜愛的太監演員，還替他們辦過超越制度的實事。

乾隆五十八年，皇帝專門派和珅清點所有恩賞太監入旗的檔案。民人入旗在清代是一項殊榮，即便是官員立下了卓越的功勳，也不一定能夠享受到這種待遇。入旗以後，家族裡的子子孫孫生活都可以得到保障，還有科舉、當官等便利途徑。雖然太監入宮都要被編入八旗，但這叫認旗，只安排他們個人，畢竟太監沒有子女，不會影響後世的八旗人口而造成僧多粥少的問題。但入旗就不一樣了，太監的兄弟、姪子、姪孫們，從此都是旗人，可以享受八旗的待遇。這些入旗的太監，無一例外地全來自皇家戲班南府。檔案中記載乾隆元年奉旨入旗的有南府太監喜貴和李國喜兩家人，乾隆二十四年奉旨入旗的有南府首領太監馮常喜一家和南府太監張文玉一家。從這份檔案的清單來看，這些太監的姪子、姪孫中有很多人當上了柏唐阿，就是沒有品級的官，但由此進入了官員的行列。以喜貴一家為例，喜貴哥哥李榮貴有一子當上柏唐阿，喜貴弟弟李榮顯的子孫裡有五位當上了柏唐阿，整個家族因此完成草根逆襲，徹底改換了門庭。

歷史文獻中沒有記錄這些入旗的南府太監有哪些超群的才能，但想必一定有過人之處，並打動了皇帝的聖心。更值得玩味的是，乾隆有位純惠皇貴妃蘇氏，即皇三子永璋、皇六子永瑢的母親，本係江南民籍漢女，在乾隆還是皇子時，便已進府服侍左右。乾隆登基後，自然要替蘇氏一家辦理入旗手續，而宮廷檔案顯示，蘇氏一家在乾隆四年才奉旨入旗，比喜貴和李國喜

斷虹橋上的石獅子

足足晚了三年。從很多跡象來看，乾隆比較寵愛蘇氏，但僅以入旗順序來看，乾隆怕是更愛才藝出眾的南府太監。

太監如何「成為」太監？

太監大多來自北京周邊最為貧困的家庭，有的是自幼家貧，無力撫養，便被爹媽送進宮；有的則是業已成人，為了撫養家庭，走投無路，只好選擇這條道路，像清末的老太監信修明[13]，十年寒窗，卻屢試不第，還考過水師學堂、太醫院，都沒成功，後來為了贍養母親和年幼的弟弟、妹妹，娶妻生子後，為家族完成延續香火的任務，便去當了太監。在清代，由內務府主管太監的挑選。對於民間百姓，內務府一向只考慮管理的簡單、便宜，卻絲毫不考慮他人疾苦，所以民間百姓想當太監，必須先自行閹割，才有資格去內務府報名。報名之後，只要湊夠十個人，便可參加考試。所謂考試，就是檢查，主要項目有「口齒伶俐、面貌端正、身無殘疾」等，最重要的就是淨身徹不徹底，這有個名字叫「驗淨」。負責這項工作的是內務府的會計司（專門負責人口）和掌儀司（負責禮儀）的人，並有老太監專門把關，方法絕對是簡單粗暴，就是下手去摸，絕對認真負責。

當時北京專有提供太監手術的技師叫刀兒匠，最早是官辦世襲，國家規定只允許四戶人世代從事此業，屬於壟斷。晚清時，朝廷的國家大事都管不過來了，對民間刀兒匠就睜一隻眼、閉一隻眼。幾戶官刀兒匠之外，民間又出現了幾戶非官辦的刀兒匠戶，像早年流傳特別廣的小刀兒劉，就是此類，稱為私刀兒匠。

刀兒匠的手藝據說特別神奇，一個是手術好，一個是藥用得好，只要有皇上在，就有錢賺，手藝不願意傳給外人就很好理解了。舊時傳聞太平天國也想搞太監制度，弄了幾百個小男孩，特別請廣東的西醫來做手術，結果主刀大夫的手藝不行，這些孩子沒有一個活下來。但基本上北京的刀兒匠做一次手術，病人二十一天就能下床，傷亡率不高。

古人素有「身體髮膚受之父母」的觀念，身上的一切都應該保護好，既然活著時因為生活所迫，必須分離，死了以後，入葬時也要縫在一起。古代犯人被砍頭，家屬大多要把被砍掉的腦袋縫在身體上，才能下葬；還有一些非正常死亡的貴族，家人在其下葬時，還會替他鑲上金頭、金胳膊等。太監做完手術，死後要和身體合璧到一起。手術的殘留物要留下來，但在古代是一個極大的難題，不過刀兒匠有祖傳祕法，而且極為重口味。

古人對生肉的保存，不像現在可以泡各種藥水，那時都是按類似烹調方式進行。比如傳說五代十國時，遼太宗耶律德光帶兵進中原，在回去的路上死了。當時的太后要求「活要見人，死要見屍」，但路途遙遠，隨行的大臣沒辦法，就把耶律德光風乾做成木乃伊，屬於風乾法。對太監的手術殘留物，刀兒匠用的則是油炸配中草藥和香料的方法。具體來說，先用香油炸透，然後用祖傳祕方配置的「八寶散」（八種中草藥和香料）包裹好，再用油綢子包上，裝到木匣子裡。其實這是刀兒匠的斂財之道，保存好後，不會當下交給太監本人，而是等他們年老後，無論是否發達，大多會為身後事著想，存上一筆錢，找刀兒匠重金贖回，好讓自己的身體能完整地下葬。

關於太監的淨身問題，舊時多有傳聞，說有太監淨身並不完全，在宮闈之間如何如何，乃至傳出了慈禧太后與太監安德海的緋聞。還有清人筆記說安德海在山東被丁寶楨處死，曝屍多日，就是讓人看看他是不是真太監。為了平息這種傳聞，有人建議讓慈禧再好好檢查一遍宮裡的太監，慈禧無奈地下了懿旨要求「認真檢查」。後來宮裡的太監，包括李蓮英，都被認真檢查一遍，確實是一個不乾淨的都沒有。這是當時比較有名的「掃二茬」事件，後來被宮裡的太監視為奇恥大辱，義憤填膺的太監們便設局，整治了這個提建議的人。不過，與前輩學者聊天時，聽說在清宮檔案中記載過一個案子，一名太監在淨身入宮幾年後，漸漸發現被淨之處，竟然「春風吹又生」了，後來遭人發現舉報，最終被轟出宮。這倒是個醫學史上的奇蹟，不過我並沒有親眼見到這份檔案，而且這種事實在違背常識，只能將其視作一種可能發生過的神祕事件。

太監實在是個畸形而悲慘的群體，即便出現過一些歷史名人，但大多沒有什麼好名聲。不過在清代，太監當中卻出現了一位堪稱世外高人的武林高手。嘉慶時期，肅親王府有一名太監董海川，雖從未在主子跟前大紅大紫過，卻是民間武術的一代宗師。對中國傳統武術稍有了解的人都聽過「八卦掌」，便是由董海川開宗立派。評書《雍正劍俠圖》的主人公童林童海川便是以董海川和八卦掌為原型創作，二十世紀九〇年代吳京主演的電視劇《太極宗師》的相關情節，正是來源於楊氏太極的創始人楊露禪與董海川比武的故事。而董海川創的八卦掌，至今仍是享有盛名的拳術，二〇〇八年還成為中國國家級非物質文化遺產。

注釋

1. 答應在清朝是後宮妃嬪的等級之一，也是最低等的級別。
2. 紫禁城內廷東六宮，在明、清兩朝做為皇帝妻妾的居所。分別是承乾宮、景仁宮、鍾粹宮、永和宮、延禧宮、景陽宮。

3. 孝靜成皇后是在孝全成皇后故去後，以皇貴妃的身分入住鍾粹宮，雖然在道光朝並沒有獲得皇后名分，卻是後宮妃嬪中實質上的首領。據《清宮述聞》記載，孝哲毅皇后大婚後居鍾粹宮，但同治十二年的一份檔案記載，她住在儲秀宮，有可能是她先居鍾粹宮，後因故移居儲秀宮。
4. 遜清皇室小朝廷，指一九一二年二月十二日溥儀退位後，內廷依然保持清王朝殘留的微型小朝廷。
5. 清朝遜帝溥儀的元配嫡妻。
6. 因功獲得且可由晚輩承襲的封號。
7. 舊時有品級官員官服上的繡章。
8. 清朝官員裝在帽頂正中的飾物。
9. 東西十二宮除了東六宮外，也包含西六宮，分別為永壽宮、長春宮、翊坤宮、儲秀宮、太極殿（啟祥宮）、咸福宮。
10. 明窗開筆之典，清代皇帝於元旦開筆批辦公文和書寫詩文等的典禮，始於雍正帝。
11. 有一隻蝦蟆瞎了一隻眼，意為瞎說，諷刺某些人說閒話，製造事端。
12. 一八四八年十一月十二日～一九一一年三月四日，晚清著名宦官。本名李英泰，進宮後改為李進喜，由慈禧太后賜名連英，俗作蓮英。深得慈禧太后器重，太后甚至打破「太監品級以四品為限」的皇家祖制，封為正二品總管太監，統領全宮所有宦官。其實李蓮英一生沒有干政，但因受慈禧寵信而被後人當成醜化的對象。
13. 一八七八年～一九五九年，又名信連甲，號漢臣，漢族，清末老太監，將自己在宮中二十四年的所見所聞寫成《老太監的回憶》。

生活逸事篇

情天愛海長春宮：乾隆與孝賢，少年夫妻，老來無伴

愛屋及烏的帝后之戀

長春宮位於北京故宮的西六宮，自乾隆開始就是后妃寢宮中最特殊的一處。長春宮的名字早在明代永樂年間建紫禁城時就有了，沒有特別深遠的含義，不過「長春」二字對乾隆卻意義非凡。清高宗有個法號叫「長春居士」，是當年他為皇子時，其父雍正賜予的，他成婚後，世宗還特地將圓明園的長春

仙館賜給他的小家庭居住。所以，乾隆對長春二字極為珍視，在他登基後，皇家之地，凡帶長春二字的地方，自然被賦予最高規格的含義。圓明園裡，他大大提升長春仙館的等級，不但成為孝賢皇后的宴息之所，節令時還要奉迎皇太后來此暫住，而後來的嘉慶帝也有「長春賜福欽垂統」的詩句。詩注中寫道，乾隆晚年時賜他居於長春仙館，即有傳位之意，正是「長春」二字由雍正到乾隆、再到嘉慶的一次次傳遞。紫禁城中，乾隆於其寢宮養心殿西暖閣內為自己改建長春書屋，而孝賢皇后則被安排長住長春宮。

乾隆一生有四十一位后妃，這位風流多情的帝王無論寵愛過多少人，孝賢皇后卻一定是最特別的那一個，縱使天人永隔數十年，那份深情與眷戀也未曾隨時間的流逝和新人的湧現而消失。雍正五年，世宗在秀女選看時挑中富察氏，並指婚於當時的四阿哥弘曆為嫡福晉，自此之後，夫妻二人琴瑟和諧，歲月靜好，在情竇初開的年紀，彼此一度是對方撫平青春萌動的知心良藥，頗有幾分《紅樓夢》中寶黛的身影，在那個時代，又是有皇位要繼承的帝王家，實屬難得。當然，生性飛揚自負的乾隆絕不會是寶二爺，孝賢自然也不會是林妹妹，但正是這種仿若寶黛間「情切切良宵花解語」的少年依傍，被乾隆標榜了一世。

孝賢皇后在世時，乾隆對她並沒有表現出像皇太極之於宸妃、順治帝之於董鄂妃的那種偏愛。似乎除了制度內的待遇外，孝賢皇后並沒有獲得太多額外的恩寵，而乾隆對後宮的嬪妃也是雨露均沾。只是乾隆給予孝賢的愛比較含蓄，雖然他常誇讚皇后孝順、賢惠、簡樸，對她曾有「歷覩古之賢后，蓋實無以加茲」的溢美之詞，但這些話實在顯得太官方，只是說她做皇后多合格，而不是這個妻子多可愛。其實乾隆對孝賢，更多是以愛屋及烏的方式表達自己的情感。

清代極為重視軍功，有拓土開疆之功，才是列入一等豪門的核心標準，往往比官位的高低更重要。孝賢皇后的父親李榮保曾被康熙帝嚴厲申斥，大意是他們家從來沒有為國家流過血、死過人，所有的榮耀都只是皇上的賜予。或許出於這種原因，乾隆十三年，大學士訥親率軍征大小金川損失慘重後，於朝中能征慣戰之將大有人在的情況下，皇帝竟然委任沒帶兵打過仗的傅恆統領大軍。此次乾隆大膽任用皇后的弟弟傅恆，很大程度上可以說是破格提拔，畢竟在此之前，傅恆只負責管理皇家後勤，雖執掌過一省各項事務，卻從未展示過軍事才華。所幸，此役大獲全勝，是清代軍事史上重要的一役，位列乾隆十大武功之一，而傅恆憑此軍功得以位極人臣，富察氏家族這一支脈由此走向輝煌，門庭顯赫，直至清朝滅亡。滿門的榮譽固然是由於傅恆的能力，但乾隆給予的信任卻更為難得，不同於漢武帝任命衛皇后的弟弟衛青征討匈奴，清代帝王對外戚能有如此重用極為少見。即便是雍正朝以外戚身分帶兵的年羹堯，其實早在康熙四十九年便開始在四川屢立戰功，擔任撫遠大將軍前，他的軍事才能早就受到認可。

對皇后家族的這等提攜，雖在清代極為少見，尚有皇帝攬英才為己用的成分，但就連從小侍候過孝賢的下人，乾隆都賜予極為特殊的恩賞。據內務府檔案記載，乾隆二年，乾隆辦理皇后奶公塞克一家十口的入旗手續，這在清代是絕無僅有的事情。所謂奶公，即乳母的丈夫，清代皇家、宗室、貴冑向來都格外厚待自己的乳母，家主會將乳母一家視為有倫理關係的親人，會給予很特殊的待遇，形成亦僕亦主的關係。孝賢皇后的乳母一家，自然是她最親近的身邊人，但乳母一家的身分依然是奴籍，算是富察氏的家下人口。我們常在歷史劇看到某大臣獲罪，動輒全家幾十口被發配，並非僅指與這位大臣有親緣關係的人，他們家的奴籍人口也要跟著一起發配。

乾隆此舉不僅讓皇后乳母一家脫離奴籍，成為法律上的良人，還讓他們成為旗人，享受到比平民更好的待遇。檔案中沒有提到奶公塞克一家是否被授予職務，但至少他們家的子弟可以參加科舉考試，有望成為「公務員」，不再會因他人之罪舉家被連累。清代皇帝向來對自己的乳母都極為優待，動輒封賞世襲職務，賜予田產房屋，但連皇后奶公一家都被賞賜，實為目前看到的文獻史料中僅有的一例，且完全超越制度，乾隆對孝賢皇后的體貼周到可見一斑。

然而，往往天不遂人願。種種跡象都表明乾隆素有嫡子情結，他曾說清入關後便從未由嫡子繼承大統，一貫追求完美的他，便格外期盼能由中宮所出的皇子繼承皇位。但正是這份期許，與乾隆心有戚戚的孝賢皇后卻走入死結。自二人成婚後，孝賢皇后育有兩位皇子，卻先後夭折，特別是皇七子永琮之死，對她的打擊極大，身體因此每況愈下。乾隆十三年，為了撫慰皇后的喪子之痛，皇帝率眾東巡。沒想到的是，孝賢皇后在途中染病於濟南，更沒想到的是，數日之後，在回京的船上，孝賢皇后便撒手人寰。乾隆大慟，傾注了二十二年的情感，在這一刻徹底成為追憶，與髮妻白頭偕老的心願終成夢幻泡影，他無法面對孝賢的突然離世。

跨越四十八年的長情

孝賢皇后薨逝後，乾隆痛徹心扉，從此性情大變，繼而引發朝堂內外一系列動盪。從檔案記載來看，皇后去世後一年，關於她後事的文書多如雪片，乾隆事無巨細地要求每一個人、每一件事，僅內務府奏銷檔的相關奏摺就有近一百份。

檔案目錄放眼望去滿篇皆是「大行皇后」，在清代皇家檔案中絕無僅有。讓人感到乾隆似乎不僅是悲痛不已，更像是中邪一樣，瞬間切換成毫不講理的暴君模式。有清人筆記說，乾隆下令將孝賢皇后的遺體和她所乘的那艘御船一起運進北京城，但到北京城外時卻遇到了難題，船身太大，城門太小，乾隆竟然想把城門拆掉。幸虧當時內務府大臣海望出了主意，讓人在城牆內外搭起木架，設軌道，於軌道上再鋪滿新鮮的菜葉，命人將船拖上軌道，船行之處，菜葉被軋出汁水，可以讓船體半拖半滑地運進城內。筆記記載的故事不一定可靠，但絕對是當時乾隆精神狀態的一種寫照。然而，更大的風波還在後面。回到紫禁城，乾隆更表現出罕見的暴虐。一系列表述哀悼的繁複而盛大的禮儀之外，他要求所有人從外在到內心都要與他共情，只要所見之人，但凡對皇后的去世稍顯不夠悲痛，就會受到嚴厲處分。大阿哥永璜和三阿哥永璋，就因被乾隆認為哀悼之心不夠誠懇而大受申斥，但其實大阿哥的罪名不過是「只如照常當差」，三阿哥年僅十四歲，乾隆甚至沒有具體指出他的不妥行為，最終二人都失去繼承皇位的資格。不少人情事故老練的官員此時紛紛向皇帝上摺子，表達哀悼之情，藉此邀寵，鞏固地位，乾隆心裡自然明鏡一般，還給奏請進京的官員批覆道：「此不過隨眾陳情，並非出於心中至誠，實可不必。」然而，有些不虛偽作假的官員因為沒寫述哀摺子，立刻招致乾隆不滿，官降兩級，涉案者多達五十三人，其中還包括尹繼善這種重臣。更有甚者，負責葬禮的個別官員，在翻譯滿語皇后冊文時出現錯誤，直接被處死。

總之，乾隆十三年，大清的官員徹底體會到什麼叫伴君如伴虎，處死、奪爵、革職的事件頻頻發生。雖然乾隆帝之前在一些事務上也表現過殺伐果斷的手腕，但相較於他的父親雍正帝還是溫和許多。但從這一年開始，乾隆帝時不時便會露一下可怕的獠牙，而在往後的五十年，官員們行事不得不格外謹慎，乾隆朝的政治氛圍自此發生轉變。

乾隆在朝堂上一系列不講理的表現，無不襯托出皇后突然去世為他帶來的無助，導致他以報復性為主的多重情緒集中發洩。然而，故人猶記前事，前事已化飛煙。乾隆心底最細膩的情感，盡數揮灑在替這位亡妻寫的一百多首御制詩裡。

皇后薨逝後的前幾年，是乾隆書寫悼念亡妻詩篇最集中的創作期。當年三月二十五日，皇后的棺槨移放到景山，他寫下詩句：「廿載同心成逝水，兩眶血淚灑東風。早知失子兼亡母，何必當初盼夢熊。」皇帝痛徹心扉，悔不該讓她因生子而斷送性命，如今縱是血淚千行似雨傾，也是枉然。同年夏天，乾隆再次來到圓明園，看見「榭柳臺花依舊榮」，想起二十年來此地多少舊夢纏綿，不禁又發出了「長春仙館頓長秋」的悲音。凡此種種，乾隆目所及處，似乎都能勾起他對孝賢的思念，見大雁南飛，乾隆會傷情，「行看鴻雁至，應有獨離群」；見天上月圓，又感嘆「同覩人去遙，玉輪依舊朗」。

甚至每每於夢中見到皇后，乾隆會淚眼婆娑地醒來。皇后去世當年，他作「醒來淚雨猶沾枕，靜覺悲風乍拂帷」，兩年後又寫道：「無奈徹人頻唱曉，空餘清淚醒猶漣。」再無人能如你與我同衾話五更。

乾隆十九年，乾隆東巡時去蒙古草原看望他與孝賢的女兒和敬公主，本應是舉家歡樂的時刻，可看到女兒，不免思及亡妻，乾隆的鼻子又酸了，「同來侍宴承歡處，為憶前弦轉鼻辛」。哪怕後來皇孫、皇曾孫成親時，乾隆也不忘跑到皇后陵前說一聲，「了識生歸滅，寧知媳娶孫」，「曾孫畢姻近，眠者可聞知」。

在乾隆眼裡，濟南徹底變成一座傷心之城。孝賢皇后在此染病而至薨逝，以致乾隆只要到山東，都不肯再入泉城。乾隆十六年，乾隆皇帝寫道：「大明湖已是銀河，鵲架橋成不再過。」二十二年，他又寫道：「稍可歷城不入望，恐防憶舊淚汍波。」三十年經山東時，他再寫道：「四度濟南不入城，恐防一入百悲生。」而原因必然還是「十七年過恨未平」。

漢白玉石欄杆

嘉慶元年，在位六十載的乾隆成為太上皇，為了告訴孝賢皇后這個消息，他最後一次來到孝賢皇后的陵前，「昨卯六旬年，今攜子位傳，吉地臨旋蹕，種松茂入雲。暮春中瀚憶，四十八年分。」孝賢皇后於戊辰三月十一日大故，偕老願虛，不堪追憶。八十五歲高齡的乾隆帝，於青松蒼柏間，在左右的攙扶下，佝僂著踽踽前行，只為了與四十八年前的亡妻再敘一敘心事，天下之大，除此人再無二者。

正是因為孝賢皇后在乾隆心底有著不可取代的地位，所以孝賢皇后大行之後，長春宮非但不再賜居給其他后妃，每遇年節還要懸掛她和皇貴妃的畫像，以侍供奉。這項禮儀持續幾十年之久才因故停止，而後世子孫出於對先祖的崇敬，也未有擅動。於是，長春宮就這樣空了一百多年。直到同治元年，兩宮皇太后同時入住，才終於打破這裡的沉寂。

寧壽宮有疑惑：折騰八年，耗銀百萬，人呢？

多大自信？提前六十年策劃退休

寧壽宮即現在北京故宮博物院的珍寶館區域，清初主要是太后、太妃的居所，到乾隆晚年時，特意將此重新修葺改建。眾所周知，乾隆即位之初曾發下宏誓大願：如蒙上天垂眷，能夠執政六十年的話，就是八十五歲時，他將禪讓皇位，自居太上皇。乾隆皇帝倒真是個格外自信的人，在那個人活七十古來稀的時代，剛剛六十歲出頭（寧壽宮興

建於乾隆三十七年，此時約六十二歲），便開始準備八十五歲以後的生活，大興土木地興建他的「退休所」，專為「授璽之後，將是以為燕居地」。從乾隆三十六年到乾隆四十四年，寧壽宮整整修了八年，足足耗銀一百四十三萬餘兩。根據內務府檔案記載，同一時期，他替女兒和碩和恪公主修建的公主府，才花費不到九千兩白銀，一座寧壽宮的造價為一座公主府的一百五十九倍。可見，乾隆為他的退休生活真是下足了功夫。

中國的古代帝王都有「內聖外王」的理想，他們都希望自己在政治領域行王道而有所作為，在精神領域又能達到聖人的境界。乾隆自稱「十全老人」，對政治

寧壽宮外三座門

領域的作為充滿自信，所以期許退休後生活可以沒有俗事的纏繞，進而將自己的內心修煉到更高的境界。於是他在寧壽宮的設計上花了一番心思，殿曰養性，軒曰頤和，堂曰遂初，室曰得閒，齋曰倦勤，一處處建築的名字，表面上看是皇帝要逃離為萬民操心受累的生活，抒發自己早已「倦勤」、終於「得閒」的心意，但其實另有深意。

比如寧壽宮裡用作寢宮的養性殿，內中的房屋格局、陳設物品都以皇帝的寢宮養心殿為藍圖，乾隆每年大年初一在養心殿的東暖閣舉行明窗開筆儀式，那麼養性殿也要這麼布置。養心殿的西暖閣裡，有他每天要參拜的佛像，養性殿的西暖閣，也設計了這尊佛像的位置。乾隆的御制詩〈題養性殿〉完整說明對這裡的訴求，詩曰：

養心期有為，養性保無欲。心動而性靜也，要之均宜得養。

養心代表著動，養性則昭示著靜，養心與養性相對，但又統一，有區別，又有聯繫，正是對所謂「內聖外王」的期許。無論後世的歷史評價如何，從各種跡象來看，乾隆對自己的統治還是相當滿意，對退休以後的內心修為也充滿信心，於是在營建寧壽宮時，每一處細節，他都頗費心思。

我，乾隆，業餘園林設計師

園林設計是乾隆的一大愛好，當時中國的園林以江南為典範，代表當時最高的審美理念和工藝水準，更在明末清初時湧現出《園冶》、《閒情偶寄》等闡發園林設計的著作。他非常喜愛這些著作，時時研讀，並以他的理解付諸宮廷園囿的設計。我不懂園林營建，不知道寧壽宮花園是否體現了中國建園的精髓，但從乾隆所說的「略師其意，不舍己之所長」可以看出，至少他覺得已經掌握園林設計的要旨，並在古人的基礎上有更進一步創造的想法。寧壽宮面積雖然不大，卻是寢宮、佛堂、書屋、花園、戲臺樣樣俱全，整體布局非常有序，屋宇雖很緊湊，但錯落有致，曲徑通幽中能夠達到移步換景的效果，曾被人譽為皇家園林中小巧玲瓏、精巧華美的不朽之作。乾隆在室內設計上也充滿機巧，比如倦勤齋，被他打造成一個設置有密室、密道、暗門的房屋，本來有九間，設計者從外在透過遊廊的掩映、開門懸匾處的錯位，以北京故宮藏玉石盆景及內部隔斷的布局，都讓人感覺這是一個五間大小的房屋，隱去了西邊四間，布置成一個極為私密、內含戲臺的空間，想要進入這裡，唯有兩條暗道可走。倦勤齋東五間的西牆處，有兩面一個人高的大鏡子，而靠南側的鏡子實則是進入暗室的一扇門。暗室的西端靠南側也有一扇門，走進去則是與相鄰建築竹香館之間的一條密道。密室並非有兵戈之禍時可供皇帝逃跑的祕密通道，從布局來看，從倦勤齋走到竹香館，真有危險的話，等於沒跑。從功能上看，《清宮述聞》記載，「乾隆時，嘗命南府太監演唱岔曲（發源於乾隆時期八旗軍中的一種小曲）於此」，能在此賞曲觀劇。南府太監是清宮裡的戲班，並非皇帝的貼身人員，進出倦勤齋只能走暗門、密道，可見沒有太多祕密可言。這些機巧，不過是乾隆皇帝在設計園林時的小情趣罷了。

縱觀乾隆一朝的史籍，乾隆皇帝總是喜歡富有設計感和精巧技藝的東西。在《造辦處檔案》中，皇帝的硃批裡，總能見到他要求添加更富機巧設計的內容，總是希望做出前代技術達不到的新物件，這一點是不是更像現代組裝電腦或改裝汽車的技術控。著名的清乾隆官窯粉彩鏤空轉心瓶，鏤空、轉心、高溫釉彩與低溫釉彩的配合等諸多複雜的技術結合，正是在他一步步的要求下創新而成。

從寧壽宮現在所呈現的室內裝潢來看，確實囊括了當時清中期帝王眼中最精巧、最全面的技術，實在很符合乾隆的一貫要求。比如懸掛在符望閣的雙面鐘，鐘錶在當時是西洋傳來的稀罕物件，全中國見過鐘錶的人不多，內務府造辦處在乾隆時已經漸漸掌握這種精密儀器的製造技術，並達到極為成熟的水準。我們看現在北京故宮博物院鐘錶館的展覽，大量乾隆朝由造辦處生產的鐘錶，安放於各式各樣的宮廷陳設中。雙面鐘裝設在符望閣的一面牆上，鐘的兩側都有運行的錶盤，無論從牆內還是牆外，都能看到時間，這種形制在今天已經不覺得新鮮，但在二百多年前的中國，精巧程度堪稱天下獨有。

再如倦勤齋密室中的通景壁畫，完全以西洋透視畫法繪製，在其北牆上，近景畫的是一隻仙鶴在竹籬外起舞，遠景畫的是紅牆黃瓦的宮殿，那種真切感就如同站在御花園一樣。整個屋頂繪滿盛開的藤蘿花，而且從屋裡不同的地方向上看，還能看到藤蘿花的不同角度。

北京故宮藏玉石盆景

我們很難想像早在十八世紀，中國已經有如此超前的三維立體室內裝飾，以西洋的畫技描繪中國宮苑的內容。更為精巧的是，為了與北牆壁畫中的竹籬相呼應，乾隆還特意命人在與其相對的南牆內搭建一處一模一樣的竹籬，但這是以楠木仿竹工藝所製作，著實令人嘆為觀止。

其實這不是乾隆皇帝第一次嘗試使用通景畫，尤其是屋頂的藤蘿花，早有先例。乾隆七年，為了裝修建福宮的敬勝齋，乾隆帝便派義大利人郎世寧以西洋透視畫法仿圓明園半畝園內通景畫繪製「滿架藤蘿」於室內。裝修養心殿時，又派郎世寧的學生伊蘭泰、王儒學繪製通景畫。營建寧壽宮時，通景畫已經達到極為成熟的程度。不過早期的通景畫是將壁紙貼於牆面，再找人繪畫，如同西方教堂的壁畫一樣。但到繪製倦勤齋壁畫時，已經改為先畫牆紙，再對牆體進行貼附，如同現今裝修用的壁紙一樣。這一時期的通景畫，從審美、設計到工藝，已經趨於完美。

突顯技藝顯然是乾隆的一貫追

寧壽宮內太湖石

求，不過針對打造日後他的個人空間，自然還有更深一層的願望，即「萬物皆備我用」，就是要把他所見過天下最精湛的技藝、最優質的材料、最富審美情趣的設計全都囊括進來。皇帝富有天下，在乾隆的小世界裡自然也要以最好的東西來包羅天下，這是中國古代皇帝大一統思想的體現。比如寧壽宮內所用太湖石取自北海，全是當年宋徽宗的遺物；再如房屋中的玉雕裝飾配件，均採用新疆和田籽玉，以當時最精良的蘇州玉工來雕琢。甚至連窗戶上的鏤花雕刻，都要在江南選最好的工匠來完成，宮廷檔案和清人筆記都記載，乾隆專門安排兩淮鹽政李質穎在蘇州負責此事。再加上前文提到的雙面鐘、通景畫，我們可以看出乾隆皇帝是要將天下最好、最罕見的優質工藝一網打盡於他的養老宮。

金烏度影遲花漏，彩燕迎韶拂錦箋。幾閒因之勃吟興，也如春意漸和宣。

這是乾隆專為通景畫題寫的御制詩，尤其是後兩句透露出那份半遮半掩的得意，此時的乾隆大概正坐在倦勤齋的暖炕上，欣賞自己精心打造的小世界，沉浸於「天下之大，無不為我所用」的夢境。

不過，乾隆並沒有在精心打造的個人空間裡常住。在他生前，寧壽宮於史籍的記載主要集中在兩次大型活動上，一是母親崇慶太后的八旬萬壽慶典，這裡做為其中一次的主會場；二是乾隆六十年萬壽慶典，在寧壽宮的皇極殿舉辦清代最後一次千叟宴[2]。皇帝終歸還是放不下手中的權力，當年的宏誓大願早已昭告天下，不讓位著實不好意思，但他退位時還是反悔歸政於新皇，八十五歲時，他對健康的信心再次爆表，宣布繼續訓政十五年的上諭，待百歲後再全身而退。所以，乾隆一直沒有搬出養心殿，「倦勤」、「得閒」等退休生活的夢想，隨著三年後的駕崩而消失在歷史中。

御茶膳房饞人史：分例不夠吃！御膳吃不了！

御茶膳房與御膳房

紫禁城的御茶膳房原址在二〇二〇年對外開放，著實是個令人振奮的消息。皇上家吃什麼，是不是天下最好吃的美食？皇上家怎麼吃飯，是不是真的有上百道菜？御膳房是怎麼回事？傳說中的小廚房又是什麼狀況？人們關心的問題實在太多，御茶膳房既神祕又令人嚮往。北京故宮博物院即將開放的御茶膳房在三大殿的東牆外，即箭亭（今

武備館）的東南側，不過很多史籍還記載過一個御膳房，在養心殿以南、軍機處以北。御茶膳房和御膳房不在同一個地方嗎？它們有什麼關聯和區別呢？

簡言之，御膳房是專門負責皇帝吃飯的廚房，之所以設立在養心殿附近，就是為了鄰近皇上寢宮。御膳房之上，還有個御茶膳房，負責宮廷一切飲食的總機關，所以設立在紫禁城的外朝區域。宮廷飲食牽扯的人數多、級別多、花樣多，自然不是一個公共食堂就能解決，相關的機構極其複雜。《國朝宮史續編》記載：「皇帝有御膳房，皇后有內外膳房，壽康宮皇太后

御膳房院門

門縫裡的御膳房

有外膳房。」說明在清宮裡，負責飲食的工作人員按不同主位分別組成小組，若干人專替皇上做飯，若干人專為皇后做飯，還有若干人專替太后做飯。這些膳房只是各處的廚房，廚房的上級單位就是御茶膳房。清初的御茶膳房下轄有茶房、清茶房和膳房。康乾盛世，國力愈來愈強盛，宮裡對吃也愈來愈講究。所謂講究，就是在關於飲食的每個環節都有專門的人負責，所以御茶膳房後續又漸漸增添內餑餑房、外餑餑房、酒醋房、肉庫、乾肉庫、菜庫等很多機構，成為分工極為精細的組織。

無論御茶膳房有多繁雜，但目的只有一個，就是要讓皇上和娘娘們吃好，透過菜品的種類與數量，彰顯皇家的氣派與傳統社會一貫主張的等級觀念。我們不妨先看看清宮御膳有哪些好吃的，以清宮裡每一天的飲食入手，從另一面來解讀御茶膳房這個龐大的餐飲組織。

一般來說，清宮裡每天有兩頓正餐，就是早膳和晚膳。不過早膳不早，晚膳也不晚，雖然每個皇帝用餐時間不一致，但大約都是上午進早膳，下午進晚膳，民間所說的御膳概念，基本是指這兩次正餐。一天兩頓飯難免會餓，其餘時間可以隨時傳點心，次數不限。從光緒三十二年一份慈禧太后用奶碟的檔案來看，「早用奶碟二品，早膳奶碟二品，晚膳奶碟二品，聽晚奶碟二品」，大致可以推斷，後宮一般比較有規律的飲食分為早點、午飯、晚飯和宵夜這四類，中間可能會再增加茶點類的食品。

后妃的分例夠吃嗎？

清宮裡吃飯是配給制，按級別分配，皇帝、太后及後宮各主位的廚房叫做膳房，剩下的阿哥、公主和其他人的廚房只能稱為飯房。而膳房和飯房還要依據不同身分，再劃定用餐指標，什麼級別吃多少量、多少類，都有固定標準，這個叫分例。在所有人中，以皇帝的分例最高，就是種類最豐富、數量最多。

乾隆是個特別喜歡制定制度的人，不妨就以他規定的最常規的個人分例示範：

盤肉二十二斤，湯肉五斤，豬油一斤，羊兩隻，雞五隻（其中當年雞三隻），鴨三隻，白菜、菠菜、香菜、芹菜、韭菜等共十九斤，大蘿蔔、水蘿蔔、胡蘿蔔共六十個，包瓜、冬瓜各一個，苤藍、乾蕹菜各六斤，蔥六斤，玉泉酒四兩，醬和清醬各三斤，醋二斤。早、晚隨膳餑餑八盤，每盤三十個。

乍看貌似皇上每日分例裡的種類顯得很樸素，無非雞、鴨肉，現在每日都能吃到，和我們的差別無非就是每天分例裡的東西特別多而已。當然，后妃基本也是這個路數，都是依照皇帝的種類和數量進行一定的縮減。我們看看後宮的情況，那些蘿蔔、白菜之流就不多說了，僅就肉類進行比較，畢竟在那個時代，肉算是飲食裡的高級貨，其中有些細節很有意思。上文提到宮廷飲食是配給制，多少是按位分劃分，重點注意一下等級之下的變化。

最有意思的其實是雞、鴨的供應，雞、鴨在古代的北方算是緊俏物資，比較貴，皇上家也不是每天都能吃到，皇后和皇貴妃還好，基本每天還能吃到，到了貴妃一級，每月只能各有七隻，就是說尊貴如貴妃，一個月想吃第八隻雞，只能等下個月了。

我們平時覺得當到貴妃已經很厲害了，應該是想吃什麼就吃什麼吧，其實沒這回事。最有趣的是貴人和常在，貴人每月鴨五隻，常在每月雞五隻，如果有愛吃雞的貴人，不愛吃鴨子，那完了，級別比常在高，不許吃雞！當然這只是笑談，皇帝的后妃哪可能

后宮肉食分例簡表

位分	盤肉	菜肉	雞鴨
皇后	16 斤	10 斤	每日各 1 隻
皇貴妃	8 斤	4 斤	每月各 15 隻
貴妃	6 斤	3 斤	每月各 7 隻
妃	6 斤	3 斤	每月各 5 隻
嬪	4 斤	2 斤	每月各 5 隻
貴人	4 斤	2 斤	每月鴨 5 隻
常在	3 斤 8 兩	2 斤	每月雞 5 隻

吃不到雞呢！這些分例只是最日常的供應，除了上述常規分例外，清代皇帝不僅是天下之主，還是個大地主，散落在東北、華北各地的皇家莊園，都要按月或按年上交大量糧食、蔬菜、肉類和各式各樣的珍奇美味。僅遼寧一地來說，盛京將軍[3]每年要上交一百八十隻鹿，二百一十隻麃子，二千個鹿尾、鹿舌，一百斤鹿筋，以及野豬、熊、野雞等一系列野味。盛京內務府上三旗各佐領每年要上交六十隻鵝、二十頭臘豬、一千五百斤鹹魚、四十尾雜色魚。內務府都御司所轄的上三旗網戶（即漁戶），每年要上交雜色魚二萬四千斤。遼寧當地的打牲烏拉每年也要上交大量的鱘鰉魚、鱸魚、雜色魚。這麼多好吃的，這麼高的餐費指標，皇上家的伙食費恐怕是天價，具體是多少呢？我在檔案館只看到宣統四年的記載，一年共用銀兩十六萬一千四百三十二兩八錢二分！要知道親王一年的俸祿才一萬兩，這已經是清代最高的工資了，再加上王府莊園等處的收入，一年最多的才十萬兩，依舊遠比不上清宮一年的伙食費，而

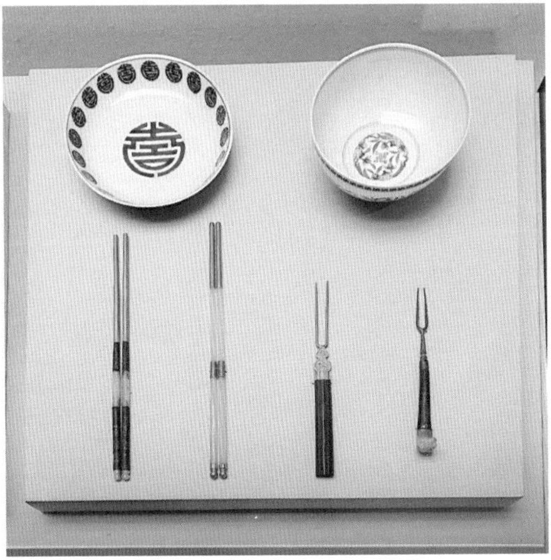
北京故宮藏清代皇家餐具

且所謂宣統四年，就是民國元年，這只是內務府依舊按清代紀年行公文而已，當時溥儀已經退位，且年紀尚小，並無嬪妃，後宮只有太后和幾個太妃，仍然有這麼大的花費，國力最盛時，他們在吃喝上的開銷之豪闊可想而知。

除上述每年必有的分例外，各地督撫和內務府出身的織造官、鹽政官也時常要向皇上進獻地方土產。比如康熙的近臣李煦時常孝敬皇上，康熙三十七年，進呈荔枝、桂圓、玫瑰露酒、桂花露酒等物；四十五年，他進獻燕來筍等時令鮮蔬；四十九年，他向康熙呈進蘇州的枇杷鮮果。再如《養吉齋叢錄》的「進貢物品單」中記載乾隆朝某一年，兩廣總督年進香橙十桶、甜橙十桶、香荔十桶、蘇澤堂橘紅一千片、老樹橘紅一千片、署內橘紅一千片。山東巡撫年貢進佛手九桶、香櫞九桶、恩面九桶、博粉九匣、鳳尾菜九匣、大俊羊皮一千張、二俊羊皮一千張、三俊羊皮五百張、四俊羊皮五百張。兩湖總督端午節貢進「通城葛二箱，百合粉二箱，通山茶一箱，安化茶一箱，鄖耳一箱，香蕈一箱，筍尖一箱，蘄艾一箱，磚茶一箱」。這些美味都會端上皇家餐桌，也會填充在帝后的日常飲食分例中，他們的食材來源極為充足與豐富。

御膳吃不完怎麼辦？

說了半天食材，皇上的一頓飯到底是什麼樣呢？其實清宮飲食的風味不是一成不變，而是隨時代發展而變化。自乾隆皇帝訂立宮廷膳食檔案的規矩後，皇帝的每日飲食情況倒是很清晰，都有詳細記載，我們從乾隆帝說起。乾隆三十年正月十八日，皇帝於卯正時分（上午六點）開始進早膳，用膳前先進一碗冰糖燉燕窩，到卯正二刻（約六點三十分）開膳。這一日皇太后賜給皇上三道菜品，分別是炒雞大炒肉燉酸菜熱鍋、燕窩鍋燒鴨子、豬肉餡侉包子一品，大概是太后覺得不錯，專門派人給兒子嘗嘗，這三道菜要先行呈上，之後便是皇上的御膳，依序是：

燕窩肥雞掛爐鴨子野意熱鍋一品，廂子豆腐一品，羊肉片一品，羊烏叉燒羊肚攢盤一品，竹節卷小饅首一品，烤祭神糕一品，銀葵花盒小菜一品，銀碟小菜一品。上傳叫馮鼎做鴨絲肉絲粳米面膳一品，鴨子豆腐湯一品。

當天的晚膳在未正時分（下午兩點）開始，先由茶膳房大人福隆安送奶茶，乾隆用完奶茶後，開始用膳，菜品依次是：

蓮子八寶鴨子熱鍋一品，肥雞火熏燉白菜一品，羊肉他他士一品，蓮子豬肚一品，青筍香蕈燉肉一品，水晶丸子一品，奶酥油野鴨子一品，後送青筍爆炒雞一品，攤雞蛋一品，蒸肥雞炸羊羔攢盤一品，象眼旗餅小饅首一品，葷素餡包子一品，烤祭神糕一品，銀葵花盒小菜一品，銀碟小菜四品，鹹肉一品，隨送粳米膳一品，槲雞湯一品。額食六桌：餑餑奶子十二品一桌，內管領爐食八品一桌，盤肉二桌，每桌八品，羊肉四方二桌。上要餑餑二品、二號黃碗菜二品一盒。

從乾隆最尋常的這一日兩餐來看，早膳相對簡單，飯菜算在一起共十樣，晚膳相對豐富，飯菜加起來二十多種，基本是雞、鴨和豬肉、羊肉，很像我們今天吃的普通自助餐，並沒有傳說中滿滿的海參、魚翅、熊掌，兩餐裡只有燕窩比較昂貴。清宮御膳素來以肉食為主，蔬菜只是極少的補充，這是當時富足階層極為普遍的生活方式，我們現在看來其實是很不健康的飲食習慣，但在普遍「農忙吃乾，農閒吃稀」的古代社會，這種習慣是可以理解的。

此外，這份檔案中，我們可以看到早膳時，「上傳叫馮鼎做鴨絲肉絲粳米面膳一品，鴨子豆腐湯一品」，就是皇帝讓御膳房外加兩道菜，專門點名由御廚馮鼎烹煮。晚膳時，「上要餑餑二品、二號黃碗菜二品一盒」，乾隆又特意替自己加了兩道想吃的菜。以往總有這樣的傳聞，清代皇帝用膳時，每道菜不過三箸，再喜歡也不能多吃，據說是為了防止有人下毒，他不能表露出飲食的喜好。從上面這份檔案來看，乾隆的口味不僅表露無遺，而且連喜歡的廚師都毫無保留地指了出來，這個宮廷「祕聞」就不攻自破了。所謂「食不過三箸」，主要是一種儀態，就是不能顯得沒見識，見到好吃的就把持不住，使勁地吃，但和安全毫無

清代銀「甲子萬年」鍋

關係。

民間還盛傳皇上家吃飯排場極大，即所謂「吃一看二眼觀三」，就是說進膳時，有些菜品並不吃，只是擺著好看，這倒不是空穴來風。我們看乾隆的這頓晚膳，裡面有額食六桌，有餑餑、爐食，還有盤肉、羊肉等，這些東西明顯就不是為了吃，而是擺著好看，顯出「家大業大」的排場，在宮廷御膳中很常見。畢竟在古代，為了突顯高規格，往往要從數量來劃分，上文提到皇帝及后妃的每日食材分例，可以清晰地看到，膳房每天準備的東西早就超出他們可食用的範圍，但依然要透過種類數量和單品數量來明確各自的身分。皇帝每次用膳所上的菜品，已經是一種現在自助大餐的情況了，根本就吃不完，但還要專門擺出六桌食品供吃飯時觀賞，不過擺盤雖多，但宮廷並不浪費，皇上會把每頓剩下的菜品賞下去。一般來說，皇帝的膳食會賞給后妃、皇子、公主和大臣，嬪妃的膳食則賞給宮女和太監。以乾隆三十年南巡為例，跟隨他下江南的嬪妃共六人，大多只賞給貴人以上的嬪妃，有時則會六個人全賞，每人一道菜，特別的時刻還會特地多賞一道給某后妃，其餘菜品再一級一級往下賞；有筆記記載，如果還有剩，這些飯菜會被內務府從地安門運出去，賣到民間。

這一天兩次膳食裡，有些菜品其實很需要技巧。比如早膳中的第一道菜——燕窩肥雞掛爐鴨子野意熱鍋，熱鍋是清宮膳底檔案常見的呈菜形式，並非火鍋，而是熱菜工具。因為皇帝傳膳只是有個大概的時間，但要隨傳隨到，膳房的人便發明了熱鍋。一般來說，膳房會在皇上傳膳前把飯菜都做好，為了保持溫度，事先要把菜品盛入鐵碗，再用加熱好的兩塊鐵板從上下兩端夾住鐵碗，以達到保溫作用，待皇上傳膳，再將菜品倒入瓷碗。而冬天時，還有另一種熱鍋，是大小兩個銀碗，把裝有菜品的小銀碗放到注入熱水的大銀碗裡，就產生保溫作用了。博物館裡常會見到古代游牧民族燙酒用的注碗，原理和清宮冬日的熱鍋一樣，只不過他們是把酒壺放到盛入熱水的大碗裡，滿人雖不是游牧民族，但與蒙古族交往頻繁，熱鍋的發明靈感大概來源於此。

清宮素來喜歡食用火鍋，《宮女談往錄》的老宮女就曾回憶，自入冬以後，三個月天天都有火鍋吃，可見其愛。其實乾隆的這份檔案隱藏著一份火鍋，早膳中的第三道菜羊肉片，就是北京特別著名的涮羊肉，只不過宮廷檔案沒有「涮肉」這個詞，一般出現羊肉片之類的詞語，基本指的就是涮肉鍋了。

清宮美食達人爭奪戰：慈禧與乾隆，誰贏？

從乾隆到慈禧，飛躍發展的中國飲食

中國的烹飪技法在清代中晚期完成一次質的飛躍，讓人們的飲食習慣發生翻天覆地的變化，至今我們都受惠良多。當然，宮廷御膳也隨著這種時代大勢發生巨大變化，至晚清時，御膳的菜品與清中前期已極為不同，我們不妨看看慈禧太后的伙食標準，

以作比對。光緒七年六月二十五日，太后病癒，身體康復，皇帝專門為她進上早、晚兩次御膳。

早膳

海碗菜二品：金銀喜字鴨羹、八仙鴨子

大碗菜四品：燕窩喜字口蘑燜鴨子、燕窩壽字三鮮肥雞、燕窩平字金銀鴨子、燕窩安字什錦雞絲（用燕窩在菜品上擺出字的形狀，四個菜正好是「喜壽平安」）

懷碗菜四品：燕窩肥雞絲、大炒肉燉海參、荸薺蜜製火腿、氽鮮蝦丸子

碟菜六品：燕窩炒鍋燒鴨絲、大炒肉燜玉蘭片、炸八件、肉丁果子醬、榆蘑炒肉片、拌蟹肉

片盤二品：掛爐鴨子、掛爐豬

餑餑四品：蘋果饅首、如意卷、白糖油糕、苜蓿糕

燕窩八仙湯一品

克食二桌：蒸食四盤、爐食四盤、羊肉四盤、豬肉四盤

晚膳

海碗菜二品：金銀喜字奶豬、餉金銀鴨子

大碗菜四品：燕窩洪字口蘑肥雞、燕窩福字鍋燒鴨子、燕窩萬字攢絲肥雞、燕窩年字紅白鴨絲（燕窩字形呈「洪福萬年」之意）

懷碗菜四品：燕窩白鴨絲、雞絲煨魚翅、海參蜜製火腿、大炒肉燉榆蘑

碟菜六品：燕窩拌熏雞絲、烹鮮蝦、肉片燜玉蘭片、青筍晾肉胚、口蘑溜魚片、碎溜雞

片盤二品：掛爐鴨子、掛爐豬

餑餑四品：佛手卷、蓮花卷、白糖油糕、苜蓿糕

燕窩三鮮湯一品

克食二桌：蒸食四盤、爐食四盤、羊肉四盤、豬肉四盤

對比乾隆時期，慈禧的御膳實在堪稱絕味美食了，種類繁多，菜色豐富，上菜的儀式感也大大提高，海碗菜、大碗菜、懷碗菜、碟菜、片盤，分類清晰，井井有條。我們還可以發現大量珍貴食材，比如海參、魚翅、火腿層出不窮，尤其是燕窩。乾隆時期，燕窩一天出現兩次已經不多見，而到慈禧時，每頓都有六道燕窩菜，而且還特別設計在菜品裡用燕窩擺出字形，以

此向太后祝福，顯得更為特別。天天如此，頓頓如此，從現在已經出版過的檔案史料來看，這種情形至少從同治初年就已經出現，並在清宮御膳中形成制度，可見雖然國力已經江河日下，皇上家吃的卻是愈來愈奢華和精緻。

關於食材還有個有趣的現象，滿人素有吃魚的習慣，每年皇家的各處網戶莊園都會向宮中呈進大量鮮魚，但前輩研究者向來認為，直到慈禧太后垂簾聽政後，宮廷御膳才出現魚。尤其在乾隆時期，御膳裡幾乎沒有魚，現有的眾多資料中，我只見過一次，即乾隆五十三年七夕節晚膳，有一道辣汁魚。而確如前輩學者所言，自同治後，御膳中的魚菜便多了起來，上文提到的皇帝進呈慈禧太后的晚膳中，口蘑溜魚片便赫然在列。具體是什麼原因，讓宮裡有上百年的時間幾乎不吃魚，是乾隆的個人喜好，還是宮廷規矩，現在無法完全得知，由於宮廷膳底檔案現在處於不開放狀態，這個問題還有待時間解決。不過並不排除一些大膽的想像，比如乾隆不吃魚，只是因為小時候被魚刺卡住過。

乾隆的一日兩餐與慈禧相比，還能看到一些中國烹飪技法的演進。我們看乾隆時期的飲食，如肥雞火熏燉白菜、青筍香蕈燉肉等蒸、煮、燜、燉的菜品和燒烤居多；而慈禧時期，如鍋燒鴨絲、大炒肉燜玉蘭片、榆蘑炒肉片、烹鮮蝦、口蘑溜魚片等，這些日常熟悉的炒菜成為御膳中的常客，炒、燜、溜、烹、燒等烹飪技法頻繁出現。從乾隆到慈禧，從清中期到清晚期，正是中國烹飪完成關鍵進化的飛躍時期，清代人的飲食變得和現在一樣了。

全世界人類的烹飪範疇裡，煮、蒸、烤、炸這四類技法廣泛流行，有火便能燒烤，器皿加入水便能煮，隔水加熱便能蒸，發現食用油後便會炸。炒則是在這四類技法基礎上的進一步進化，融合以上所有烹飪方式，並且融會貫通。比如鍋燒，就是先煮後炸；比如溜，是先用油低溫滑熟，再烹汁；再如燜，則是先用油煎，再加水燒製。炒的發明，極大地豐富菜品的內容，讓同一食材能吃出完全不同的口感和味道，後來才會出現「全羊席」、「全鴨席」、「全鱔宴」等單一物料的精美飲食，使中國飲食得到極大豐富，和其他國家與民族完全不同。

縱觀乾隆和慈禧的餐桌，我們已經看到御茶膳房各個部門的功能了。這一餐御膳裡，膳房負責烹飪；皇帝進膳前的奶茶由茶房負責；乾隆御膳的額食裡有餑餑一桌，這是歸內餑餑房製作；烹飪時所用的佐料和一些蔬菜、醬菜，以及晚膳時皇帝喝的酒，則由酒醋房提供。而像肉庫、菜庫一類的部門，主要是向膳房提供食材。膳房下設五個部門，分別是葷局、素局、掛爐局、點心局和飯局。葷局主管雞、鴨、魚肉一類的葷菜，御膳中大部分菜品由此出品；素局主管青菜、乾菜，乾隆御膳中的銀葵花盒小菜、銀碟小菜大致由此提供；飯局主管各種粥、飯，乾隆的粳米麵膳便是它的作品。

掛爐局主管燒烤，在上文中，乾隆和慈禧御膳裡都出現過的掛爐鴨子就是在此烹製。北京烤鴨有兩大派系，一個是燜爐烤鴨，據說源於當年的南京燒鴨；一個是掛爐烤鴨，便是今天最常見的烤鴨，就是源於清宮。如今常見的烤鴨當年被全聚德改造，由果木進行燒烤，從道光十四年的一份皇太后外膳房檔案來看，清宮燒烤用的是炭，烤一次用炭三十斤，可見烤製的數量很大，而且不像現在一樣捲著餅吃，清宮的掛爐鴨可能是最原始的烤鴨了。掛爐局還有一種美食，就是慈禧太后吃的掛爐豬，也是滿式掛爐燒烤，用的是乳豬，如今已經很少見了，據說和廣東的烤乳豬是兩種風味。而當時一般人家吃不起全豬，便用豬身上最好吃的五花肉來替代，稱為爐肉，所以烤鴨在過去也有個名字叫爐鴨。爐肉除了直接食用外，由於切成片後熬湯會格外美味，還常常被做成火鍋，但不是涮肉鍋，而是暖鍋，有時還可以做成爐肉熬白菜，是當時的一味名吃。此外，唐魯孫在《中國吃》說過去北京有一款名菜「炸響鈴」，就是烤豬的肉皮，烤酥的肉皮，再下鍋炸一下，吃起來焦脆，同時還會發出「咯吱咯吱」的聲音，因此而得名。

點心局主管包子、餃子、燒餅等麵食，乾隆吃的烤祭神糕、葷素餡包子等就是由這裡製作。餑餑這個詞在我們的生活中已經很少出現，舊時售賣餑餑的商鋪就是現在的點心鋪，現在大多將其理解為點心。不過有了點心局，為什麼還要再設立餑餑房呢？原來餑餑和點心還有個重要差別，餑餑往往指的是現在意義上的糕點，就是製作後完全冷卻的點心，比如滿式點心的代表沙琪瑪，就歸在這一類。而所謂的點心一般是現做現吃的麵點或茶點，更類似於小吃，像包子、燒賣、炸糕，便歸屬於點心。廣東人喜歡喝早茶、吃點心，蝦餃、蟹黃包、奶黃包都屬於他們的點心範疇，我沒有考證出廣東點心概念是否與清宮有什麼必然聯繫，但同為中餐，在這個概念上有異曲同工之處。不過清宮對點心和餑餑的劃分並不是那麼明確，餃子雖然歸點心局製作，但在終清一代，一直被稱為煮餑餑，而乾隆組織編寫的《御制增訂清文鑒》，飲食的分類只有餑餑，並無點心，他把沙琪瑪、元宵、餃子都歸到了一類，所以只是有個大概的歸類而已。

名不副實的茶房

茶房是各宮必備的部門，但主要負責的是滿人喜歡的乳製品、果品和飲用水。滿人素來喜歡食用奶品，這是茶房一項極為重要的工作，也是清宮御膳的一大特點。閱讀膳底檔案時會發現，乾隆幾乎每次進膳前，都要進一碗奶茶，之後才開始吃飯，宮廷演劇時，也經常侍候奶茶，嘉慶十六年的一份檔案顯示，「開戲備奶茶並東西兩路早晚賞奶茶以及預備克食行用奶子二百斤。十五日，做奶子月餅行用奶子一百斤，七月二十六日起至八月十五日止，添蒙古王公克食每日行用奶子五十斤，九月初九日，做奶子花糕行用奶子一百斤。」可見宮廷用奶數量之多，次數之頻繁。

後宮每日用奶量更是巨大，令人咋舌。按宮廷分例，皇帝有乳牛五十頭，每日每頭牛出奶二斤，共一百斤；皇后有乳牛二十五頭，每日用奶五十斤；貴妃有乳牛四頭，每日用奶八斤；妃位有乳牛三頭，每日用奶六斤；嬪位有乳牛二頭，每日用奶四斤；貴人及以下無定例，都是掛在其他有乳牛分例的后妃名下隨用。宮廷不僅用奶量極大，而且日日離不開，皇上去哪，這些牛就要跟到哪，我查了道光、咸豐幾次拜謁清西陵的檔案，每次都要按隨行的主位來配置乳牛的數量，咸豐五年四月一行，便動用了九十五頭乳牛之多，可謂大軍未動，乳牛先行。除此之外，每年內務府慶豐司還要從各地莊園收集乳油、乳餅、乳酒，交與茶房備用。當然，乳製品和御膳一樣，雖然看似用量極大，但個人真能吃下的不過一小部分，其餘依舊按慣例一級一級賞下去。

宮廷乳製品現在能看到的主要是奶茶、乳酪、優酪乳、奶餑餑一類的東西，很多老北京風味小吃店都有，不過還有一些特殊種類，現在已經很難再現了。比如道光朝檔案中，有一份內容是兩個月內每日製作一種奶餅所需物品的彙報。有雜糧、牛奶，還有優酪乳，糜子麵七束斗

（是怎樣的量具尚不明確），做克食用；海子內優酪乳子三十斤，做引子用；慶豐司牛圈奶子五十斤，共做六十日，共用三千斤，合宮中每日要用一百斤，如何製作，成品什麼樣，現在已經不得而知。再比如每年節令，都會有元宵節的元宵、端午節的粽子、中秋節的月餅等，但令人想不到的是，這些小吃都有專門的牛乳製品。同樣是道光朝的一份御茶膳房檔案，茶房呈報「粽子、月餅、花糕、元宵、壽桃、春捲每品各用奶子八十斤，每年各一次」，每一份小吃都要用八十斤牛奶，如此巨大的用奶量著實讓人吃驚，對照嘉慶時重陽節的花糕，每份用奶一百斤，看來這還是道光皇帝厲行節儉後的數量。而月餅、元宵等物以奶為餡料，現在看來已經不新奇，但粽子、春捲用乳製品做餡，恐怕今天很少有人能吃得習慣。什麼樣的月餅、元宵，動輒要用幾十斤、上百斤的奶，實在令人難以理解。當然，很可能有不少內務府的內情，貪汙的故事可是太有名了。據檔案記載，同治十三年，宮廷所用的大蔥報價每斤二百四十文、菠菜每斤三百文，而嘉慶元年的一份內務府檔案記載，當時的蔥每斤七文、菠菜每斤十二文。內務府報價注水是常事，即便如此，八〇年間報價竟然漲了幾十倍，實在太驚人。再對照清末民間物價的調查，一九〇〇年，八國聯軍入侵，這是北京物流最不發達、物價最高的時期，但一斤羊肉的價格仍不足宮廷大蔥的一半，是菠菜的三分之一，可見內務府及相關太監拿了多少回扣，當然這又是另一段故事了。各宮主位的茶房會專有一批人來侍候與奶相關的差事，以光緒二十年儲秀宮茶房檔案為例：

牽牛官四名，八品頂戴六兩錢糧茶役於長順，五兩錢糧茶役三名，二兩錢糧茶役八名，一兩錢糧茶役二名，效力茶役八名，三兩錢糧委副護軍參領銜承應掌景安，二兩錢糧承應人六名，效力茶役六名，內牛圈六品頂戴德山，請乳人二名。

當然，當時的儲秀宮茶房是慈禧太后位下的，等級最高，人員最多。不過侍候一個人用奶，所用人員就有四十二名，且地位最高的一名茶役就有八品官銜，管牛圈的廄長有六品的

金水河

頂戴，儼然可以和一縣的父母官平起平坐。而且其中有三名茶役的工資達到每月五兩銀子，要知道八旗勁旅的一名騎兵，在旗人裡算是高薪了，每月工資才三兩。俗話說「宰相門前七品官」，這不過是個誇張的說法，但與宮裡管牛的人一比，實在是小巫見大巫。不過，倒足見乳製品在御膳中的重要性了。

各有所好的酒醋房

酒醋房也是御茶膳房裡重要的製作部門，提供後宮每日所用的酒、醋、醬和醬菜，以乾隆四十一年的檔案為例，共有玉泉酒、白酒、醬、清醬、麵醬、醋、醬整瓜、醬黃瓜、醬茄子、醬苤藍、醬胡蘿蔔、醬瓜條、薑、豆豉、包瓜、糖蒜等項。其中酒醋房自製的各種酒很有意思，清代皇帝基本沒有貪杯的現象，但後宮中關於酒的趣聞卻不少。比如愛配藥酒的雍正，他當王爺時就常與道士往來，酷愛煉丹等神仙方術，而且特別喜歡配製養生藥酒，清宮記載的補益藥酒，比如龜齡酒、松陵太平春、春齡益壽酒、八仙長壽酒、五加皮藥酒、狀元露、黃連露、青梅露、紅毛露、參苓露等，大多與他有關。雍正八年，他特意讓內務府到潛邸雍和宮查看當年配製藥酒的情況，吩咐如果沒過保存期，仍舊調入宮內飲用。世宗在位時，首創了清宮過年明窗開筆的儀式，就是過年時，大年三十那天皇帝要封筆，休息一天，等正月初一要有開筆儀式，以示我又上班了，這個儀式所用的物品就兩樣，一管萬年竹枝筆，一杯屠蘇酒。雖說屠蘇酒在古代中原地區就開始用於新年，宋代王安石便有「春風送暖入屠蘇」的詩句，但真正把屠蘇酒用於宮廷新年禮儀的則是雍正帝。屠蘇酒是道道地地的藥酒，含有大黃、桔梗、白朮等多味中草藥，炮製工序複雜，有祛除瘟疫的效果。

比如獨愛玉泉的乾隆、嘉慶父子，清高宗生性喜好附庸風雅，生活上諸多事務，總愛在古代文人士大夫的情趣中找出說辭。他曾命人檢測天下名泉的水質，京西玉泉山的水名列前茅，由此定下皇家每日飲用玉泉山山泉水的習慣。眾所周知，好酒的關鍵在於水質，於是乾隆便以天下第一泉的水來釀酒，在每年春、秋兩季泉水最清時採釀酒水，以南糯米、淮麴、豆麴、花椒、酵母、箬竹葉、芝麻為酒方，特製出玉泉酒。此後無論平時用膳，還是宮廷宴饗，玉泉酒毫無例外地都是皇上的首選；到了嘉慶朝，皇帝更是喜愛此酒，在不提倡飲酒的清宮裡，他仍時常一天半斤、一斤地喝，嘉慶表面上看著溫文爾雅，但從酒量來看也是個性情中人。

再如慈禧太后的蓮花白，到了晚清，玉泉酒雖然依舊是清宮中最常用的酒，不僅用於飲饌，更在做菜時當料理酒。不過每到夏季，一種叫蓮花白的酒成為慈禧的新寵，常常用於賞賜親信大臣。《清稗類鈔》記載：

瀛臺種荷萬柄，青盤翠蓋，一望無涯。孝欽後每令小閹采其蕊，加藥料，製為佳釀，名蓮花白。注於瓷器，上蓋黃雲緞袱，以賞親信之臣。其味清醇，玉液瓊漿，不能過也。

瀛臺附近的荷花花心都讓慈禧派人拔光了，再配上一些中草藥，專門用於釀造此酒。雖說《清稗類鈔》的一些內容屬於道聽塗說，並不可信，不過蓮花白確實一度成為北京人極為喜愛的酒。我記得大約三十年前還能見到這款酒，北京葡萄酒廠釀造，大約四十九度，後來漸漸消失了，可惜當時我還小，沒嘗過，不知道是什麼滋味，據說味道濃郁，有一股清甜的藥酒香，現在超市裡賣的蓮花白酒產自河南，與當年宮裡的蓮花白貌似沒有什麼關係。

您叫進膳，我叫吃飯

皇上用餐叫進膳，一般人只能叫吃飯，因為膳這個字的等級高。在處處突出等級的清宮裡，除去後宮主位，在御茶膳房的管轄下，替其他人做飯的地方統稱飯房，即便貴為皇子，也有嚴格的尊卑區別。嘉慶在《國朝宮史續編》明確規定，「皇子皇孫娶福晉後則有飯房」，皇子結婚後要在宮裡單立一戶，就要有對應身分的各項待遇，而他們再用膳房就不合適了。就是說，即便是在皇帝的小家庭裡，每一處的等級都要釐清。

皇子用的雖是低等級的飯房，但工作人員卻可能最容易得到升遷當官的機會。比如道光二年的一份檔案顯示，宣宗的弟弟瑞親王綿忻已成年並分府出宮，他的飯房一應人等如飯房達[4]，成為四品典儀官；七名柏唐阿，有的成為二等護衛，有的成為內管領，有的則成為六品典儀官，連綿忻茶房裡的承應人都有八品職銜。當然，這些官銜和職務都是新建王府裡的差事。新皇登基後，已經成年的弟弟們就不便居住宮中，都要出去開牙建府，有自己的王府，原來在宮裡侍候他的那些老人，當然就成為王爺最信任的人，要給予一定的封賞，並授予更重要的任務，做飯的事完全可以再組織一個新團隊。這種機會恐怕只有跟著皇子、皇孫們才會有，即便御膳房的菜做得再好，御廚也就得到的賞錢多一點，當官基本就不用想了。

除了後宮，前朝的各處侍衛和一些官員也有各自日常的飯房，而且伙食標準不低。比如侍衛，《道光十九年正月分侍衛飯房用過羊肉斤兩數目等清單》記載：

蒙古事侍衛八員，黏竿侍衛三員，按達哈哈珠子四十一名，弓箭達二名，番役達一名，每名每日食羊肉十兩。初二至初八，初十至二十九，此二十七日，共用過羊肉九百二十八斤二兩，黏竿柏唐阿二十二名，弓箭匠役九名，番役四名，每名每日食羊肉六兩。初二至初八，初十至二十九，此二十七日共用過羊肉三百五十四斤六兩，鞍庫達一名，每日食羊肉十兩，鞍庫匠役六名，每名每日食羊肉六兩。柏唐阿飯一份，每日食羊肉十一斤四兩。初六至初八，初十至二十九，此二十三日共用過羊肉三百二十四斤十四兩。以上通共用過羊肉一千六百七斤六兩。

這份檔案記載的侍衛職級都比較低，即便如此，最少的一日可食用羊肉六兩，最多的則可用羊肉十一斤四兩，而且這份記載僅限於羊肉，由此一斑可窺全貌，看來在宮裡當差的待遇還算相當不錯。

御茶膳房除了供應宮內的飲食外，宮內外的大量祭祀供品也由它負責。根據光緒二十年的一份檔案記載，該年三月，僅奉先殿供奉祖先所用的食材和佐料就有玉筍、鯿魚、羊肚、豬腰子、梔子、榛仁、花椒、大料、活鯉魚、醃魚花椒，此外還有壽皇殿、中正殿、弘仁寺、聖化寺、慈佑寺、嵩祝寺、闡福寺、雨花閣、寶諦寺、永慕寺、清淨化城塔、御花園祭祀、養心殿念經、大高殿等很多地方，一年之中，這樣的供奉非常多。

食材以外，鮮花也是御茶膳房需要提供的一項重要物料。光緒朝的一份檔案記載，皇上萬壽慶典的大宴要用大宴花、陪坐宴花、雲牌花，法淵寺殿前要用牡丹花供奉，壽皇殿前要用牡丹花供奉，西黃寺殿前也要用牡丹花供奉，英華殿前要用富貴長春花供奉，城隍廟殿前要用富貴長春花供奉，嵩祝寺殿前要用牡丹花供奉……而且供奉所用的花，每處多少對，花高多少尺，都有非常細緻的要求。

當然，御茶膳房的故事還有很多，在此只能掛一漏萬地簡要介紹。為了迎接紫禁城六百歲的生日，御茶膳房即將做為「瓷器倉儲展」向公眾開放，那些宮廷美食已經隨著歷史的煙塵遠去，但希望透過北京故宮博物院精美的文物展品，能夠讓我們遙想當年皇家飲饌的盛況。

小廚房美食榜：那群男人憑什麼能抓住慈禧的胃？

吃貨特權——小廚房

很多清宮戲裡，在膳房以外，后妃們吃飯時還常常提到一個小廚房，而且劇中嬪妃的小廚房都能做出一些特別精緻的菜品、點心，讓人特別神往，小廚房是怎麼回事呢？說白了就是吃膩了宮廷膳房的菜，想換點新花樣。出於保證飲食安全的考量，膳房的廚師都選自內務府包衣籍，是天子家奴，世世代代效

力於宮廷，自然放心可靠，他們屬於端著體制內的「鐵飯碗」。但往往這種狀況年深日久，製作出來的東西不免缺乏新意，人員也缺乏動力，膳房的食材雖然精良，但做出來的飯菜不一定好吃，就連小朝廷時期的溥儀，都特地替自己辦了西餐的小廚房。後宮設立小廚房，一定要從民間特聘有名的廚師，進宮充當臨時工，稱為「效力」，專做一些他們拿手但宮裡沒有的飯菜，而且他們拿著高薪，創新積極性比較高，常常能做出不一樣的味道。

不過，小廚房不是誰都能擁有。有些電視劇演好多后妃利用小廚房，替皇上進獻不同好料，就像宮鬥劇裡的兵工廠，專門支援在前線衝鋒的娘娘，估計這種想法還是源於那句話，「想要抓住一個男人的心，要先抓住他的胃」。這想法是不錯，但現實不太方便。

從歷史文獻來看，后妃能辦小廚房的狀況非常少見，後宮裡只有少數人才會動用這種「特權」。所謂「特權」倒不是皇上許不許的問題，主要是看她有多大財力，由於清宮制度基本斷絕了妃嬪與娘家間的財務往來，娘家再有錢也送不進來，一般的后妃沒那麼多分例銀子，自然就無力設立小廚房。從文獻記載來看，后妃想改善伙食一般有四種方式：其一，用自己每月的分例銀子讓膳房再單做一份；其二，用自己的分例銀子讓太監或宮女單做一份；其三，拿自己的分例銀子讓太監去宮外買菜重做；其四，用分例銀子在宮裡再設一個廚房。但大部分后妃還是沒有能力辦成小廚房的規模，只是簡單的「他坦」（後面會有進一步的介紹）。當然，無論是哪種方式，都只能做為膳房飲食的補充，膳房的菜品還是每天照常該怎麼做就怎麼做，即便是一口不吃，也不能停工，尤其是有小廚房的後宮主位，常常是膳房做一份，小廚房做一份，膳房那份往往全部賞給別人。在清宮裡，只有極少數地位高、資歷深的人才有實力設置小廚房，我們現在能明確知道有小廚房的人包含慈禧太后、同治帝的孝哲毅皇后、淑慎皇貴妃，還有小朝廷時期的端康皇貴妃（光緒的瑾妃）。

清代最有名的小廚房莫過於慈禧太后的西膳房，它獨立於慈禧的膳房，由總管太監管理，據說能做四百多種點心，四千多種大菜！西膳房下設機構參照膳房的五局，即葷局、素局、飯局、點心局和餑餑局。不同的是，小廚房少了一個掛爐局，多了一個餑餑局。平日的掛爐鴨、掛爐豬與膳房區別不大，可以照用，而原有的點心局裡，又分出了一個餑餑局。都說女人吃甜點會有另一個胃，從慈禧太后身上，就可以看出此言不虛。原本宮廷的點心已經非常豐富，但為了做得精專，吃出特別的味道，在宮廷餑餑房、茶房、點心局以外，老佛爺還特地在自己的小廚房專設餑餑局，可見她對糕點情有獨鍾。

能抓住老佛爺胃的三個男人

慈禧統治的四十八年中，眾多御廚裡有三位最有名，一位白案師傅（主做麵食、點心），兩位紅案師傅（主做大菜）。御廚謝二應該是慈禧最寵愛的麵點師傅了，他是太后茶房總管太監謝文福的弟弟，後來被招進西膳房做臨時工，兄弟倆一個在宮內承應茶點，一個曾是民間名廚，麵點的手藝大概是家傳。據說謝二有兩樣拿手美食，頗得老佛爺歡心。一個叫油性炸糕，從記載來看，和現在常見的炸糕非常相似，都是油和麵，包餡後炸酥。但和今天的桂花豆沙餡不同，小廚房的炸糕餡是白糖、芝麻、山楂和少許奶油。看來慈禧和當時的大部分滿人一樣，極為青睞乳製品，連炸糕都要放奶油。

除了炸糕，謝二還有一樣拿手菜，便是燒賣。從記載來看，他的燒賣皮薄餡香，用的是豬肉口蘑[5]；從用料上來看，豬肉加口蘑肯定好吃，既鮮美又不膩口。不過烹飪確實是門藝術，同樣的配比，同樣的操作，換一個人來做，味道可能差很多。據說有一年慈禧太后去清東陵，小廚房隨行，但吃了燒賣後，感到味道差了很多，一問才知道原來謝二有事沒能隨駕，改由劉大烹飪，老佛爺頓時發怒，以「不用心侍候」之罪賞了劉大一頓打，又急急忙忙傳旨讓謝二即刻趕到東陵，隨時侍候。紅案上的兩位御廚就更加有名了，他們所創的名菜流傳非常廣。一位是號稱「抓炒王」的王玉山，現在最著名的宮廷菜「四大抓炒」——抓炒里脊、抓炒魚片、抓炒蝦仁和抓炒腰花，便是由他發明。另一位御廚叫張永祥，他的拿手菜品是鑲銀芽、鑲扁豆，就是在豆芽菜和扁豆莢中塞進肉餡，在民間的知名度很高。

說句題外話，王玉山的手藝不僅深得太后之心，後來還造福社會上的廣大食客。一九二五年，紫禁城已經改成北京故宮博物院，他和其他五位御廚退役再就業，一起在北海公園開了一家仿膳茶社，專做宮廷美食，成為北京最早做宮廷菜的老字號。特別是從一九五八年起，幾十年間，仿膳成為接待各國元首的常用餐廳之一，四大抓炒成為國宴餐桌上的常客。

抓炒魚片

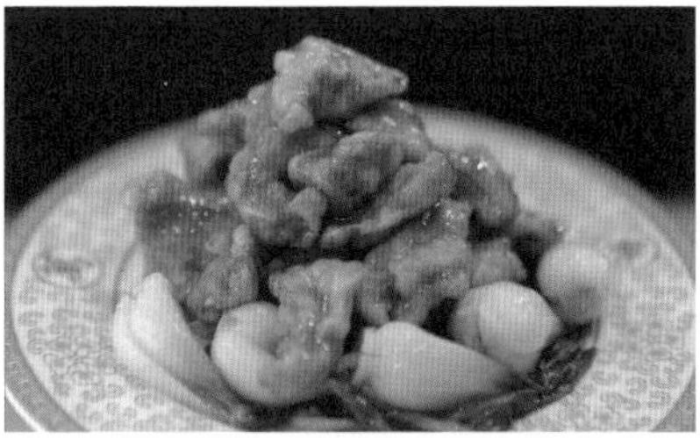

抓炒里脊

抓炒腰花

抓炒蝦仁

慈禧小廚房的美食非常豐富，除了三位御廚呈現的諸多菜品外，還有諸如小窩頭、飯卷子、炸三角、鴿鬆菜包、和尚跳牆、炸響鈴、櫻桃肉等，不一而足，很多名菜今天在很多地方都能吃到。當然，我們吃到的和當年老佛爺吃到的肯定還是有些差別。

小廚房是後宮極少數人的「特權」，但大部分嬪妃和皇子們都想豐富自己的飲食，各自依財力紛紛在自己宮內設立他坦，可以說小廚房算是他坦的升級版。乾隆三十年，皇帝在處置自行剪髮的繼皇后時，從生活上削減她的待遇，就吩咐把「外頭的他坦也散了，每日只吃茶膳房茶飯，她的個例也用不完」，可見貴為皇后，也沒有小廚房，只是設立一個他坦，豐富一下日常飲食。儘管他坦並不像小廚房般「特權」化，但並不是所有人都能辦得了的。有一份嘉慶元年的檔案，顯示了當時他坦在後宮的分布狀況，皇后、貴妃、誠妃、瑩嬪和阿哥所在的宮均有他坦，而當時嘉慶的后妃裡，還有榮常在和春常在，她們則沒有他坦，可見貴人以下這些身分偏低的後宮主位，無力設辦他坦，只能按自己的分例，吃膳房的伙食。

他坦在檔案裡常寫作「它坦」、「他他」，即滿語ᡨᠠᡨᠠᠨ（拉丁文轉寫為 tatan），宮裡傳下來的語音，一般讀「他他兒」，本意是宿營地，引申為辦事地或辦事處，替各嬪妃承應茶點或一些特色飯食，大概可以叫做茶點處。和小廚房一樣，他坦也可以外聘廚師，他們拿腰牌在宮內行走，是執行上下班制度的臨時工。不過乾隆四十一年時有一份檔案顯示，以前一些幫廚的雜役「向來俱係自行雇傭」，之後都由官方提供這些工作人員，只能從內務府內管領下挑選。大概是出於安全和信任的緣故，技術工種的廚師可以外聘，但只做粗笨活的蘇拉（雜役）只能出於皇家的包衣。不過，他坦所用的人員確實比較多，不免魚龍混雜，嘉慶元年，壽康宮（剛退位的乾隆的后妃們）各處他坦，就有蘇拉一百零五人、廚役六十八人。

后妃和皇子們的他坦在各宮裡的位置相對比較統一，我翻閱內務府營造司的檔案時，不時可以看到修補他坦房屋的奏報，不少他坦在各宮東南角。這種設計倒是很科學，老北京有句俗語「有錢不買東南房」，四合院的東南，採光和空氣流通方面的條件，在所有房屋中均屬最差，北京地區多有西北風，東南處正是風吹最強的地方，不過做飯產生的炊煙正好不會吹進宮內，而后妃不會受到干擾，正是廚房的最佳位置。以此可以推理，各宮的膳房大致都設置在東南處。

西學聖地武英殿：斜槓學霸康熙帝的杯酒人生

紅酒達人康熙帝

康熙四十八年三月和四十九年二月，江西巡撫郎廷極、閩浙總督梁鼐和兩廣總督趙弘璨紛紛向康熙帝上摺子，所談的事都是西洋人向宮廷進貢葡萄酒。從奏摺的行文來看，素來自律的康熙帝，此時已經「沾染」酒癮，只要西洋人有紅酒，地方督撫就立刻向北京「星夜馳送」，郎廷極更派兒子郎文烋

親自押送，在給兩廣總督的奏摺上，康熙帝還說了一句：「近夏月西洋船到時，問明速報。」可見他對紅酒的迫切需求。

西洋傳教士殷弘緒的信件裡，我們得知康熙帝當年常喝的是產自加納利群島（Canary Islands）的紅酒。加納利群島在十五世紀後便屬於西班牙在北非地區的領土，西甲足球聯賽曾經馳騁一支叫做「拉斯帕爾馬斯」的隊伍，便是加納利群島最大城市的球會。西班牙占領後，開始種植葡萄用於釀酒，現在主要的品種為黑麗詩丹（Listán Negro）和內閣拉夢伊（Negramoll），所產的紅酒主要有傳統的浸漬葡萄酒和玫瑰紅葡萄酒，主要行銷於當地的旅遊中心區和附近的城鎮，但歷史文獻當中沒有說明傳教士當年為中國皇帝選用的是哪一種。

康熙四十八年前，很少見到清宮裡飲用葡萄酒，現在很多老年人還喝不慣紅酒，近耳順之年的老皇帝怎麼突然愛上了紅酒這樣的洋味道呢？其實，在康熙帝看來他喝的不是酒，而是藥。康熙四十七年，清廷發生廢太子事件，震動朝野，導致老皇帝患上心臟病，身體每況愈下。按殷弘緒的說法，「皇帝病情日沉，健康日衰，中國大夫束手無策。」於是康熙帝將希望寄託於西洋傳教士，透過他們找到一位精通藥理的耶穌會會士羅德先，專門為皇帝調製胭脂紅酒，使他的病情得到控制。所謂胭脂紅酒，其實是一種用海外漿果調製的葡萄酒，康熙帝漸漸康復後，特意遣人在境內四處訪尋，但都沒找到。從此以後，這位一向不嗜酒的皇帝便開始將紅酒做為日常保健的佳品，特別在宮廷中開闢一個專門存放西藥、洋酒、花露，以及進行科學實驗的地方。

武英殿處於紫禁城的外朝區域，是北京故宮中軸線以西的一處重要建築。明末李自成曾在這裡稱帝；清初滿人入關時，這裡成了多爾袞的辦公室，很多重大歷史事件都在這裡發生。到了康熙朝，隨著宮苑的重建完成，以及宮殿的使用有了比較明確的制度，武英殿的政治功能漸漸消失，皇帝慢慢把文教相關事務挪到這裡。清嘉慶時姚元之的《竹葉亭雜記》記載：

> 武英殿有露房，即殿之東梢間，蓋舊貯西洋藥物及花露之所。甲戌夏，查檢此房，瓶貯甚多，皆丁香、豆蔻、肉桂油等類。油已成膏，匙匕取之不動……舊傳西洋堂歸武英殿管理，故所存多西洋藥。此次交造辦處而露房遂空，舊檔冊悉焚。於是露房之稱始改矣。

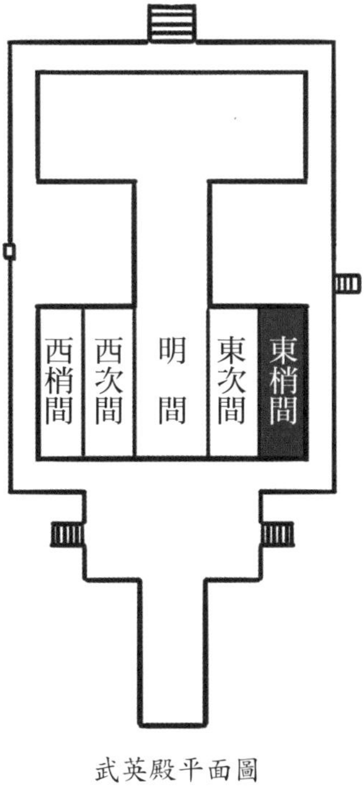

武英殿平面圖

按這段記載，武英殿的東梢間即早年的「露房」，當初是康熙帝西洋堂的一部分，與西方科技相關的東西大多收納在這裡。所謂露房，按明代萬曆時期義大利傳教士熊三拔著《泰西水法》所載，西藥學中有用蒸餾的方法從草、木、果、瓜、穀、菜當中提取藥露，露房便是以製作藥露為主的實驗室。所謂東梢間是傳統房屋，正中有門的那間稱為「明間」，兩側的房稱為「次間」，再兩側的房則稱為「梢間」。武英殿明間以東的第二間房，便是這間實驗室的所在地。

紅酒、蒸餾的藥露、實驗室，這些有點超越人們對中國古代皇帝的想像。康熙帝是很有成就的帝王，人們對他比較熟知，八歲登基，擒鰲拜、平三藩、收臺灣、征噶爾丹，這些生平事蹟，不少人都略知一二，民間還流傳著很多關於體察民情、勵精圖治的故事，有一些被編成影視作品，在老百姓之中廣為流傳。但很多人可能不清楚，他還是位西方科技的學霸。

斜槓學霸康熙帝

康熙帝一直對西方醫藥有極為濃厚的興趣，有很多相關的探索和研究。比如種牛痘的試驗，天花是當時極為可怕的傳染病，傳說順治皇帝就死於這個疾病，舉國上下束手無策。當康熙帝向傳教士學習到種牛痘可以預防天花時，他便於康熙二十年開始嘗試種痘防疫，先在江西民間進行試驗，屢獲成功後，還為科爾沁、鄂爾多斯等地的蒙古王公貴族種痘防疫，效果顯著，後來把防疫方法引進宮中，為皇子、皇孫接種。他曾得意地說：「國初人多畏出痘，至朕得種痘方，諸子女及爾等子女皆以種痘得無恙。」不過可惜的是，康熙以後，種痘防疫的方法漸漸失傳，宮裡的阿哥、公主們患上了天花後，只能靠掛彩等祈福方法從精神上「治療」了。

康熙帝曾在宮廷研發西藥，法國傳教士白晉在《康熙皇帝》談到：在西洋傳教士的指導下，皇帝不惜重金命內務府造辦處設置各式實驗器具，研製不同種類的西藥，他時常親臨監督。造辦處由此陸續生產很多藥品，康熙帝經常把自產的西藥賜給大臣。康熙三十二年，康熙帝患瘧疾，傳教士洪若翰、劉應進獻金雞納霜（奎寧），服用後病情迅速好轉，由此命西洋人教授製藥方法。此後，宮廷便能自製金雞納霜，康熙帝常以此藥賜予大臣。康熙近臣曹寅晚年病危時，曾托蘇州織造李煦向康熙帝求藥，康熙帝立刻命人帶藥「星夜趕去」，並在回摺上囑咐「若不是瘧疾此藥用不得」。

可惜的是，藥未到，人已亡。康熙三十五年，他將自製西藥「如勒伯伯喇爾」賞給黑龍江將軍薩布素和梅勒章京巴林；四十四年，他又以此藥治療保壽阿哥的脾胃病。

康熙帝對西方科技的興趣絕不僅限於醫藥，武英殿除露房外，還承攬了聖祖皇帝更多追求科學的任務。從康熙年間開始，武英殿成為清代最重要的皇家出版社，人們耳熟能詳的《四庫全書》、《古今圖書集成》等名作都刊刻於此，康熙還在此刊行了眾多關於西方科技的著作。

在西醫方面，康熙帝命人翻譯《欽定格體全錄》。這是一部關於人體解剖學的著作，詳細介紹人的肢體、骨骼、血管，而且配有極為精細的解剖圖。但在人們深信「身體髮膚受之父母」的文化背景下，這本書的內容太過敏感，只譯成了滿文本，且沒有廣泛發行。在數學方面，康熙帝一直師從白晉等西洋傳教士，在代數、幾何方面有很高的造詣。他對此有極大的興趣，不僅自己撰寫《御製三角形推算法》和《欽授積求勾股法》兩部著作，還親自主持編纂《御製數理精蘊》。當時最著名的算學家梅文鼎著有一部《曆學疑問》，托大學士李光地上呈皇帝預覽，康熙帝看完後指出「所呈書甚細心，且議論亦公平，此人用力深矣」，並在書中做了很多批語。此後康熙帝特別召見梅文鼎，專心討論數學問題，堪稱當時中國一流水準的數學家。

康熙帝的興趣非常廣泛，還寫了一本跨越多學科的劄記《幾暇格物編》，這本書包括天文、地理、動植物、礦產、醫學等內容。在大多數人還認為天圓地方的近三百年前，他已經接受「地球」的概念，並在書中對此進行介紹；他以雷聲為源頭，測算音速的傳播範圍。康熙帝甚至把自己解剖冬眠熊的過程，寫成分析報告，在〈食氣〉一篇中，他談到熊之所以能冬眠，是由於牠在冬眠前攝取的食物夠多，他不相信中醫向來所說的「熊能引氣，故冬蟄不食」。但親自解剖查驗後，發現冬眠時的熊腹中「淨潔無物」，以西方實證的方式驗證了傳統醫學理論，並由此引申論述了關於道家練氣的問題，即「食氣內息」之術可以「兩三日不食不饑」。

康熙帝不僅在西學方面頗有建樹，一些證據顯示，他對皇子們也進行過這方面的培養。雍正八年，胤禛曾回憶當年老皇帝率領諸皇子在乾清宮觀測日食的情景，為了讓孩子們看得更清楚，特地在「千里鏡」（望遠鏡）四周夾紙，以遮蔽刺眼的陽光，達到更好的效果。只可惜後代的皇帝們沒有保留這些學習科學的興趣，老父親培育他們的技能，卻成為政治鬥爭的工具。

「九子奪嫡」是很多清宮劇和穿越小說喜歡採用的素材，雍正和八爺黨鬥爭最激烈時，拉丁文卻出人意料地出現了。雍正三年，皇上截獲一封九爺允禟從青海寫給八爺允禩的密信，信件使用了允禟編造的「密碼」，使胤

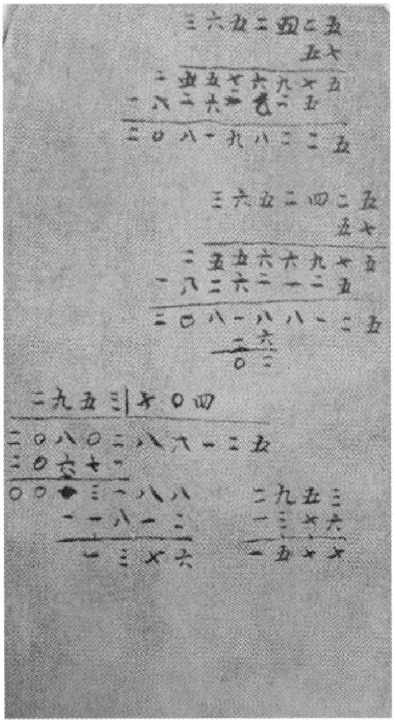

康熙算草紙（中國第一歷史檔案館編《清代文書檔案圖鑑》）

禎（雍正）極為震驚，沒想到八爺黨竟用敵國奸細所使的手段與己為敵，足見頑抗到底之心，於是出現後續革除允禩、允禟宗籍等一系列的殘酷清洗手段，這封密信和「密碼」在某種程度上成為壓倒八爺黨的最後一根稻草。

在如今略懂滿文的人眼中，當年所謂的「密碼」並沒有那麼機密，不過就是以拉丁文的字母拼寫滿文而已，這是當下學習滿文最重要的方式之一。比如格格 ᡤᡝᡤᡝ，以拉丁文轉寫即為「gege」；阿瑪 ᠠᠮᠠ 以拉丁文轉寫即「ama」。允禟所編寫的「密碼」就是這個意思，但在當時極為罕見，可惜他們瞞得過別人，卻瞞不了雍正帝。因為在康熙帝的培養下，諸皇子多多少少都懂一些拉丁文，程度深淺很難說，至少胤禛肯定能夠掌握字母的發音，這樣的密信對他而言，就沒有什麼祕密可言。讓人嗟嘆的是，當年慈父對孩子們的悉心教導，到了這時卻成為兄弟相殘的工具。

康熙帝西學方面的成就之高，在當時的中國非常少見。一個皇帝雖有這般愛好，又有如此高的造詣，但並沒有改變中國日趨落後的科技水準，一百多年後在西方的船堅炮利下，中國被迫打開大門，諸多史學家對此現象做過總結。有學者認為西學只是皇帝的個人愛好，他更關注的依舊是怎樣以儒家思想使天下繁榮安定，科技對他來說只是消遣，如同後唐莊宗喜歡賞曲、宋徽宗雅好書畫一樣。只不過這種消遣，顯得那麼不一樣而已。

也有學者認為康熙帝對西方科技只存在「致用」，並未將其上升到「學」的程度，所以缺乏傳播。他最早接觸到西學是由於著名的曆法之爭，就是在南懷仁與楊光先對天文曆法的測算中，康熙帝深切感受到傳教士帶來的新法更加實用；後來西方傳入的「紅衣大炮[6]」在平滅三藩中的重要作用，更讓他堅信這一點。正如他與巧克力的故事一樣，即便是西洋傳來的食物，他都希望能擁有藥學上的價值。康熙四十五年，有西洋人進獻「綽科拉」，即現在的巧克力，但皇帝不在意味道如何，更關心的是有什麼醫用功效。當有人告訴他此物並無太多藥用價值，只是一種食品時，皇帝立刻說「綽科拉不必送」。很明顯，他對沒有實用價值的舶來品毫無興趣。

眾多分析中，我最為認同的一點是康熙帝對西學的態度突顯出他的帝王心術。康熙帝是入關後的第二位皇帝，滿漢之爭、華夷之辨是這個時期極為重要的社會背景思潮，一位滿洲君主入主中原，需要中原士大夫在文化上的認同，獲得教統上的認可，但無論他再怎麼精於儒家經典，也無法在思想上駕馭漢臣，而此時傳教士帶來的西方科技則授予他一柄實用的利器，他屢屢以西學在漢臣面前盡顯自己的淵博，每每以西洋的新奇玩意捉弄漢臣來展示自己的御人之能，他勤奮地學習數學、物理，似乎更像是為了用中原沒有的學問，擺平以文化先進而自居的漢族士大夫。而反過來，康熙帝又推行「西學中源」之說，淡化中西之爭，讓士大夫們更心悅誠服地為這位英明君主效力。在一個皇帝眼中，天下初定之時，哪有比社會穩定更重要的呢！做為一個滿洲人，在文化上沒有強烈的固本攘夷思想，西方之學何嘗不是一劑安撫士大夫們的良方。

故宮毛孩天團：誰才是紫禁城真正的主人？

因笨出宮的貓咪公敵

熱愛動物是人的天性，放眼望去，如今吸貓、吸狗的隊伍遍及各處，且日益壯大。紫禁城裡的貓更是成為網紅般的存在，據說北京故宮裡的貓有二百多隻，很多人到此遊覽時，都會被牠們的萌態吸引，紛紛留影。

這些宮貓不知是在何年何月聚集到這裡，但牠們應該受到幾代故宮人的厚愛。在他們的辦公區，比如南三所、寶蘊樓等很多地方，

都可以看到各式各樣的貓窩和投餵貓糧的食盆。

早在清朝，宮裡的毛孩就非常多，並且很受人們珍視。當時在清宮中，帝后不僅以養貓為樂，更專門編寫御貓檔案，稱為《貓冊》，記載愛貓的名字和生卒年。比如玉簪，生於二十六年六月，卒於二十七年十一月；墨虎，生於二十二年六月，卒於二十六年十月；芙蓉，生於二十二年三月，卒於二十七年八月。北京故宮裡的貓大多是主人以其外形特徵來命名，墨虎應該是隻黑貓，芙蓉大概是隻白貓，但從生卒時間來看，好像不少御貓的壽命都不太長。不過，由於宮裡的御貓主要是女性的寵物，相關記載不多。道光朝的檔案裡有一起案件，倒是能對宮廷養貓提供一些比較感性的認知。

北京故宮裡的貓

道光十九年，延禧宮玲常在位下有一名叫大妞的宮女，因過門檻時，不慎將一隻小貓踩死，玲常在既傷心又惱怒，命人打了幾下大妞的臉，這事就算過去了。沒過幾日，大妞餵貓時又不慎踩傷一隻小貓，導致牠第二天也死了，玲常在更為憤懣，命人打了她胳膊幾板子。沒過幾天，大妞與另一隻貓發生衝突，不知何故，貓抓了她，她進行反擊，但力道太大，貓受了重傷，隔天也死了。我想這時候，玲常在實在無奈，命人拿板子打了大妞的手掌。一個月內傷斃三隻貓，玲常在痛失愛寵，宮女大妞慘遭責打，實在是倒楣至極。當月月底，大妞又犯了錯誤，踢壞了玲常在的洗手盆，她實在忍無可忍，親手打了大妞，之後以「笨」為由，將大妞上交內務府送出宮去。當然，玲常在親手責打下人，觸犯了宮裡的規矩，被降為答應，但自己的三隻愛貓，在一個月內被同一個人誤傷致死，不親自動手，實在消不了胸中的惡氣，這時恐怕已經想不到自己將被如何處罰。從文獻記載透露的種種跡象來看，宮裡的寵物大多是在一定範圍內散養，基本是以主人居住的宮苑為範圍，否則宮女大妞過門檻時，是不會踩到小貓的。

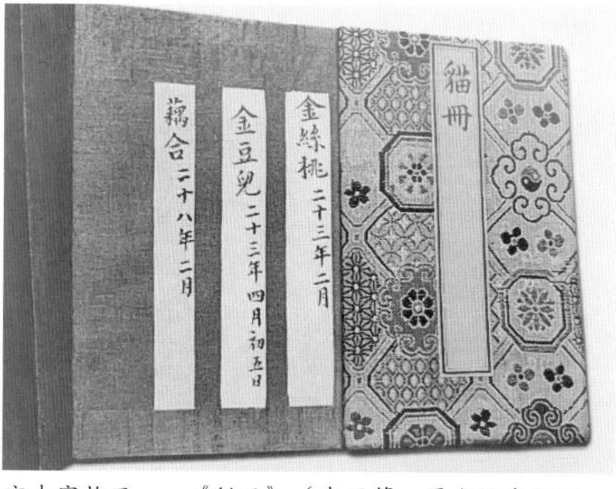

宮中寵物冊——《貓冊》（中國第一歷史檔案館編《清代文書檔案圖鑑》）

衣服籠子虎套頭，毛孩直播主雍正很忙

除了御貓，清宮養狗也頗為有名，檔案中有《貓冊》，同時有《犬冊》，體例一致，也是記載牠們的名字與生卒時間。不過相較於貓，狗的壽命貌似更長一些，可能與他們主人的地位有一些關係。清代歷史上的雍正皇帝頗有愛狗之名，在宮廷檔案中，常有他餵狗的記載。不過，世宗是清宮膳食檔案的草創者，那時的紀錄比較粗糙，常常是主僕、人畜寫在一起。比如雍正四年四月初一日：

> 萬歲、皇后分例以外，添豬肉十七斤、鵝一隻、鴨一隻、雞四隻、筍雞八隻一次；念經喇嘛等飯食，添豬肉二十五斤一次；餵狗，添豬肉七斤一次；養心殿匠役九名，添羊肉一斤二兩一次；養心殿匠役一名，常添羊肉二兩近日添起……

像這樣的餵狗紀錄，在雍正朝的檔案記載中非常多，如雍正四年十月初九日，「小狗兩條，常添牛肉十兩，今日添訖起」；再如雍正四年十月十七日，「狗四條，常添牛肉二斤八兩，今日添起」。從這些檔案的記載來看，只要皇帝心情好，就時常會照顧一下愛犬，檔案中

所說的「添」豬肉或牛肉，說的是在狗的日常飲食外，再替牠們加菜。清宮中處處有等級，人是這樣，狗也不例外，無論是否吃得完，一定都有自己的分例。雍正朝關於狗的分例，我還未在檔案中見到，不過有一份乾隆六年的紀錄，應該大致相同。按檔案記載：

每狗一條，每日食羊腸十兩，奶狗每日食羊腸五兩，每兩做價銀二厘……向廣儲司領銀辦買。

由此可見，宮廷御狗比較日常的伙食是羊腸，但在皇帝的關照下，就可以有肉吃了，而且還會根據他的喜愛程度有所區別。就像上文提到的兩隻小狗，每天可以加餐十兩牛肉；而四隻狗，每天的加餐一共才牛肉二斤半，就是加個點心而已，薄厚立現。而且感覺那時的人顯然對養狗缺乏知識，以現代人的觀點來看，只給肉和內臟也太不健康了。再有，清代皇帝表達關懷的方式，往往就是多送東西，就像對待后妃一樣，每天的飲食分例根本不是一個人能吃得完的，但為了表示關心，皇上就會再賞幾道菜，人可以體會這種心理和榮譽，可對狗來說，牠們又怎麼感悟皇恩浩蕩呢？

不過，雍正賞肉的這些狗有沒有品種區別，檔案中只有成年與未成年、工作犬與寵物犬的區別，目前還沒有確實的史料可以判斷。《日下舊聞考》記載：

內養狗處在東華門內東三所前路東房，十有九楹。外養狗處在東安門內南池子之南房，十有五楹。

清代宮廷專設有鷹處、狗處，以供皇帝行圍打獵之用，這裡所說的狗養在宮外，應當是獵犬。在雍正朝的另一則檔案中，又出現了截然不同的狗糧：

諭膳房，凡粥飯及餚饌等食，人不可食者，則哺貓犬，再不可用，則晒乾以飼禽鳥。

以鮮肉豢養獵犬，用於工作，以剩飯餵養貓狗，用於寵物，倒很符合古人的思維。別看寵

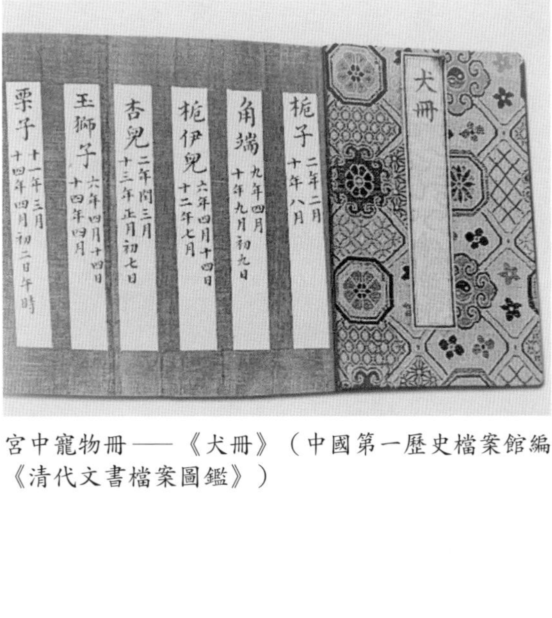

宮中寵物冊——《犬冊》（中國第一歷史檔案館編《清代文書檔案圖鑑》）

物狗在宮裡吃的是剩飯，但皇家剩飯畢竟不同，在那個「狗行天下吃屎[7]」的年代，已經算不錯了。在現代人眼裡，狗的宮廷「御膳」可能很不合規格，但雍正對牠們的照顧絕不僅限於飲食，對愛犬的呵護，在很多方面都格外貼心，絕不亞於現在的毛孩直播主。

內務府造辦處檔案透露出很多雍正和狗的互動，首先，他對愛犬的居住條件有很高的要求。雍正三年九月，他命造辦處建造狗窩兩座，並要求「外面吊氆氌，下鋪羊皮」。氆氌是一種織得很細的氈子，用於幫狗擋風，既舒適又保暖，而養過狗的人都知道，狗特別喜歡趴在一些毛茸茸的地方，所以「下鋪羊皮」，讓狗睡得更舒服，雍正的心思非常細膩，明顯源自他多年養狗的留心觀察。

除了定製狗窩，雍正還替愛犬特製狗籠。可能誰也想不到，造出一個他滿意的籠子，竟然用了一年半的時間。「狗籠檔案」最早出現在雍正五年三月，雍正傳旨「做圓狗籠一件，徑二尺二寸，四圍留氣眼，要兩開的」，但他很快發現籠子做大了，便又傳旨「收小二寸，另做一件」。不久，為了愛犬的舒適，雍正又命人為狗籠配上紅色氆氌的面和白色氆氌的裡。第二年，大概是為了新年新氣象，在上年的基礎上，他又對狗籠提出一系列新的裝修意見。首先，他為狗籠配藍布墊一件、白氈墊一件，幾天後，他又為狗籠做了一件深藍色的「挖單」。所謂「挖單」，即滿語ᠸᠠᡩᠠᠨ（拉丁文轉寫為 wadan），是「被單、蓋布」的意思，就是說他替狗籠做了布罩子。一般來說，鳥籠都會配一個布罩子，這是根據鳥的特性設計，罩上後，鳥不易受驚嚇，可以保護羽毛、保持溼潤等，但替狗做同款的布罩子，就不知所為何故了。可能是愛狗愛得太深，不僅別的狗有的，我們要有，連別的鳥有的，我們也要有。半年後，看膩了藍色的布罩子，雍正又命造辦處做一件紅色布簾，時常與藍色替換，才最終完成狗籠的全部設計。

目前還不確定雍正的狗籠到底有什麼用途，既然有了狗窩，為什麼還要再配狗籠，但從最原始的設計來看，「四圍留氣眼，要兩開的」，狗籠四周鏤空，冬天住肯定會冷，而前後開出兩個門，易於進出，卻不利於休息，看起來並不像是狗的居所，可能是狗的「交通工具」。清代皇帝時常到「園子」常住，帝王的寵物狗常常帶在身邊，慈禧太后就曾把自己的狗帶到頤和園，而從紫禁城到圓明園的途中，狗或許就是放在籠子裡被運送過去。當然，這只是猜想，不過如果連愛犬的「交通工具」都要幾經設計，雍正的心思真夠細膩。

狗生在世，無非吃能飽食、住能溫暖，有自己的「交通工具」，在那個年代，已經是超豪華的生活待遇。除此之外，雍正還專門為牠們訂做漂亮的衣服，並且親自參與狗的服裝設計，放在今天，一定是粉絲最多的毛孩直播主了。雍正元年，皇帝就為他的「造化」（狗名）製作了四件衣服，均以良鼠皮為主料，其中「緙綢襯、白綾面、藍紡絲裡、畫麒麟套頭一件，虎皮面、藍紡絲裡、虎套頭一件」，還有「狻猊馬衣兩件」。再如雍正五年，他又吩咐「給造化狗做紡絲軟裡虎套頭一件。再給百福狗做紡絲軟裡麒麟套頭一件」。裝扮成瑞獸的模樣，貌似更能突顯愛犬的皇家風範。

雍正帝對狗衣的品質非常用心，比如雍正五年，他說：「原先做過的麒麟套頭太大，亦甚硬，爾等再將棉花軟襯套頭做一份，要收小些。」又如雍正七年，他又說：「給造化狗做的虎皮衣硬了，著再做軟虎皮衣一件。」再如雍正七年，他下旨：「虎皮衣上托掌不好，著拆去。再狗衣上的鈕絆釘得不結實，著往結實處收拾。」

總而言之，皇帝愛犬的衣服一定要合身、軟和結實。對於狗衣的設計，雍正頗費心思。雍正五年二月，內務府呈遞麒麟套頭和虎套頭狗衣兩件，雍正帝在其基礎上要求「將麒麟套頭上著添眼睛、舌頭，其虎套頭上著安耳朵記此」。而很快的，僅九天後，他對自己的設計又添加新花樣，於虎套頭上再添補兩個虎爪，兩天後，太監王太平交上了配有羊角虎爪的狗衣，雍正帝方才滿意。想想雍正帝的設計倒是很有意思，所謂虎套頭，就是虎頭帽一類的東西，應該與周星馳電影《鹿鼎記》裡韋小寶的那頂帽子很相似，如果再添上兩個虎爪，一定會顯得更加虎虎生風。更有趣的是，就在設計虎套頭狗衣期間，他又特地讓造辦處「將人穿的虎套頭做一件」，目前還不知道用途，但不是賞給阿哥，就是自己穿。以當時皇子的狀況來看，最有可能是賞給六歲的福惠，不過從存世的大量雍正角色扮演（cosplay）的畫作來看，他將這件虎套頭留為自用，也不是不可能。總之，這件人穿的虎套頭，不是他要搞「兄弟連」，就是要做「親子裝」，但無論是哪種選擇，都太萌了。

雍正帝養的是什麼寵物狗，目前還沒見到明確的記載，不過從狗籠「二尺二寸」的大小來看，肯定是隻小型犬。而雍正帝有一枚鼻煙壺，據說是按他的要求繪製，上面畫了幾隻哈巴狗，很有可能就是他的愛犬。中國宮廷自唐代便開始將哈巴狗做為寵物豢養，哈巴狗即中國現在俗稱的京巴，清宮對京巴非常喜愛，慈禧太后的一張照片裡就有一隻黑色的京巴。德齡[8]在《慈禧太后私生活實錄》說：「一天上早朝前，一個太監撞進來，跪在地上向老佛爺報喜：黑玉生了四隻小狗。」雖然德齡對清宮生活的描述，杜撰的成分極大，但這個細節應該比較真實，慈禧照片中的黑色京巴，很可能便是這隻黑玉。我們據此可以推測，雍正帝相當有可能以京巴為寵物。

從雍正的造化、百福和慈禧太后的黑玉可知，清宮的狗都有名字，中國第一歷史檔案館就藏有清宮《犬冊》的照片，上面記載著宮廷御犬的名字和生卒年月。狗的名字有梔子、玫瑰、喜姐、柿子、如意、妞兒等，而有一隻名叫「可憐兒的」狗，仔細一看發現，原來牠只活了一年七個月就死了。

北京故宮「動物園」

清宮裡還有一種寵物極富特色，就是蟲。紫禁城裡從來不乏愛蟲之人，明代的宣德皇帝熱衷於鬥蛐蛐（蟋蟀），天下聞名，民間有「促織瞿瞿叫，宣德皇帝要」之說。到了清代，宮廷裡又流行起豢養冬蟲的風尚。所謂「冬蟲」，是透過特殊手段，為了讓春夏生長的昆蟲在冬天反季節繁殖，把牠們裝進特製的葫蘆，揣在懷中，讓牠們鳴叫，又可以感受到夏天的生氣了。敦崇在《燕京歲時記》說：「冬夜聽之，可悲可惜，真閒人之韻事也。」一般來說，冬蟲以蟈蟈（螽斯）、蛐蛐、油葫蘆等居多，古人將牠們放置在葫蘆裡，冬天時，隨身揣在厚厚的衣服，可以隨時聽牠們鳴叫。

民間傳說清代新年時，皇家會讓一萬隻蟈蟈在太和殿同時鳴叫，寓意「萬國來朝」，但可信度不高。而真實的歷史文獻中，宮廷養蟲的檔案非常少，不過清宮專門用於豢養鳴蟲的葫蘆，存世者很多。為了讓鳴蟲在嚴冬生存，又能攜帶方便，古人按鳴蟲的生活習慣，用葫蘆分別製成不同的居所，有雞心底的，有平底的，文物界稱之為匏器。這種葫蘆主要是在生長時套上模具，就可以長成人們需要的形狀。最為普通的以瓦為模，一般以七塊瓦片拼湊而成；而宮廷葫蘆則以硬紙為模具，待葫蘆成形時，其表皮細膩到完全看不出模具在它身上所留下的任何痕跡，光潔如天成，這種宮廷製造的葫蘆，被稱為官模葫蘆。有趣的是，還有不少葫蘆，在塑形時會在硬紙模套上製出各種紋飾，使葫蘆長好後，表皮上能夠呈現出各色花紋，有花卉，有吉祥圖案，更精細的甚至還有風景、人物故事，極為精美，如今已經成為極富價值的收藏品。

官模葫蘆基本上只為皇家享用，大量宮廷匏器的存世，一方面說明宮廷養蟲非常多，另一方面說明宮裡愛養蟲的人也很多。多年前，我曾對北京鳴蟲界的一位老師傅進行口述歷史採訪，他說清代宮廷裡，不僅皇帝養蟲，后妃也有同好，而女性養蟲的葫蘆稱坤葫蘆，往往會比普通葫蘆略小一些。雖然只是民間的說法，但畢竟存世的官模葫蘆很多，清代的皇帝一共有十二位，除去關外的努爾哈赤和皇太極，這麼多葫蘆，皇帝一個人實在玩不過來，也算是一種相對合理的解釋。

除了上述三種寵物，清代宮廷豢養的動物還有很多。比如仙鶴，宮廷畫中不乏牠的身影，而且我常聽姥姥說，在二十世紀四〇年代，她家住西四，每天去王府井上班，就是騎著自行車從中南海穿過，再從東華門到王府井，她說那時的中南海裡，常能看到仙鶴；再如梅花鹿，二〇一八年，北京故宮博物院恢復了宮廷養鹿的傳統，而在乾隆年間的一份檔案裡，曾看到一名小太監在圓明園不幸被鹿角扎傷致死的報告；又如鷺鷥，雍正愛狗，也愛鷺鷥，檔案中不乏他替鷺鷥加肉的記載；園林中的虎豹、紫禁城裡的鷹鷂等猛獸、猛禽，牠們每日的飲食分例也會記錄在宮廷檔案中。當然，皇家的動物還有很多，畢竟珍禽異獸自古便是宮苑的一大特色，正是這些毛孩天團，使古人的血肉充盈起來，而非冷冰刻板的歷史印象。

注釋

1. 尹繼善，一六九四年～一七七一年，字元長，號望山，章佳氏，滿洲鑲黃旗人。清朝政治人物，官至文華殿大學士。
2. 邀請耆老參與御宴的大型尊老、敬老活動，實施於清朝康熙年間，乾隆嘉慶時期亦有舉行。
3. 鎮守盛京等處將軍，又稱奉天將軍，清朝從一品武職。
4. 達，滿語，頭目之意，即負責人。
5. 生長在蒙古草原上的一種白色野生蘑菇，一般長在有羊骨或羊糞的地方，味道異常鮮美，以張家口一帶所產最有名。
6. 原稱紅夷大炮，歐洲在十六世紀製造的一種加農炮，明代後期傳入中國。軍人迷信，為了祈求勝利，往往在上面覆蓋象徵吉利的紅布，清代滿族忌諱「夷」字，故命名紅衣大炮。
7. 中國諺語「狼行天下吃肉，狗行天下吃屎」，狼有本性，古人說猛虎不敵群狼，狼群行走時餓了就吃肉，因為狗沒有狼的性格，所以吃不到肉，只能吃屎。
8. 裕德齡（一八八五年六月八日～一九四四年十一月二十二日），漢軍正白旗人，因曾擔任慈禧太后的御前女官並用英文寫作了這段經歷而聞名。

建築陳設篇

低頭不見抬頭見：一對一教你秒懂故宮匾額

一招教你讀懂滿文匾額

造訪過北京故宮的朋友，一定都看過形形色色的匾額。所謂「匾額」，橫者為匾，豎者為額，有的懸於宮門，有的掛在大殿，以標明房屋或院落的名稱。宮裡的匾額還有很多門道，現在看到的紫禁城，基本上是清代留下的。一六四四年，滿人入主中原，將原來明朝的匾額全部換掉，寫上了滿漢兩體文字，所以在宮裡，這樣的匾額最為多見。

大家都認識漢字，而像蝌蚪一樣的滿文，恐怕能讀出來、講出來的人就極少了。

紫禁城裡的滿語匾額主要是對漢語的注釋，最初的目的就是告訴那些不太懂漢語的滿人這個地方是哪裡。現存的大量滿文匾主要體現這一實用功能，這些滿語不過就是地名漢語的直接標音。

比如乾清宮，明、清兩代都是皇帝重要的寢宮與辦公地，現在是北京故宮的核心區之一。在它的殿額上，「乾清宮」三個漢字居左，滿語也是三個詞居右，相互對應。其中「乾」字對應的滿語是ᡴᡳᠶᠠᠨ，拉丁文轉寫為「kiyan」；「清」字對應的滿語是ᠴᡳᠩ，拉丁文轉寫為「cing」；「宮」字對應的滿語是ᡤᡠᠩ，拉丁文轉寫為「gung」。滿語是一種拼音文字，以字母為基本語音單位，只有輕重音，沒有四聲。十九世紀末，德國語言學家穆林德夫首創了以拉丁字母轉寫滿文的方式，這是現在學習滿文最主要的方法之一。用拉丁字母標音，雖然不是我們熟悉的中文拼音，但它的字母發音和英文字母發音類似，只是拼法上有些不同。比如「香港」，英文為「Hong Kong」，其實就源於拉丁文的拼寫。用拉丁文標音滿語，普通人對它的讀音能大致了解。諸如此類的滿語匾額還有很多，如西六宮中的太極殿，原為啟祥宮，清末時改建太極殿，滿文首字為ᡨᠠᡳ，對應「太」，拉丁文轉寫為「tai」；中字為ᡤᡳ，對應「極」，拉丁文轉寫為「gi」；末字為ᡩᡳᠶᠠᠨ，對應「殿」，拉丁文轉寫為「diyan」，明顯就是

乾清宮匾額

太極殿匾額

對漢文「太極殿」的滿語標音。

再如，西六宮建築群中的螽斯門，滿文首字為ᠰᡟ，對應「螽」，拉丁文轉寫為「jung」；中字為ᠵᡠᠩ，對應「斯」，拉丁文轉寫為「sy」；末字為ᠮᡝᠨ，對應「門」，拉丁文轉寫為「men」，都比較好讀。與漢字一樣，滿文可以豎著寫，也可以橫著寫，而兩種文字書寫方式的差異會在橫匾上更加突顯，形成故宮匾額的另一種美。古代漢字習慣於右起書寫，就是行文的順序自右而左。這是由於先秦時代沒有發明造紙術，人們主要將文字書寫在竹簡或木簡上，都是一條一條的，寫好一條便放在右手邊，再寫下一條，之後再穿成簡，就形成了右起的書寫方式。

即便後來造紙術已經極為成熟，但從右到左的方式依舊沒有改變。而滿文創製得比較晚，明末才有，自然就使用比較便於在紙上書寫的左起方式。所以，在滿、漢兩體的橫匾上，就可以看到相互對稱的兩種文字。

比如，慈寧宮花園裡的寶相樓，就是懸掛滿、漢兩體的橫匾。上面的漢文居右，寶相樓三個字由右而左排列，滿語居左，相對應的滿文從左到右排列。這三個字，即ᠪᠣᠣ，拉丁文轉寫為「boo」；ᠰᡳᠶᠠᠩ，拉丁文轉寫為「siyang」；ᠯᡝᠣ，拉丁文轉寫為「leo」。兩種文字正好以末字「樓」對稱。又如養心殿院落的一個後門叫吉祥門，也是一塊這樣的橫匾，不同的是，這塊匾是漢文居左，滿文居右，滿語字為ᡤᡳ ᠰᡳᠶᠠᠩ ᠮᡝᠨ，拉丁文轉寫即「gi siyang men」，兩種文字正好以首字「吉」對稱。

遊覽北京故宮時，抬頭瞻仰匾額的遊客很多，但大多會比較感到遺憾：漢文旁邊的滿語就像天書一樣，完

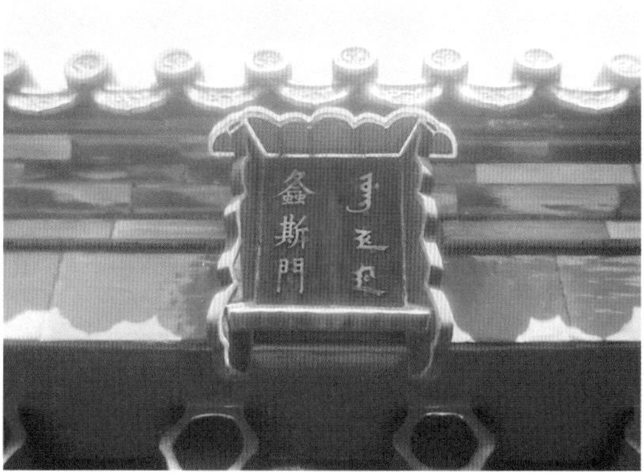

螽斯門匾額

全不知該如何認讀。其實北京故宮裡的滿文匾額大部分是漢字的直接音譯，尤其是看到匾額上出現宮 ᡤᡠᠩ（gung）、殿 ᡩᡳᠶᠠᠨ（diyan）、門 ᠮᡝᠨ（men）時，基本上可以確定這是音譯法的滿語，不妨讀出來，算是賞玩之時的小遊戲吧！

北京故宮匾額有幾種？

上述都是滿語音譯匾額的例子，其實紫禁城還保留不少滿語意譯的匾額。現今北京故宮博物院的開放區，這類匾額大多位於壽康宮、慈寧宮、寧壽宮等地，這些地方原本在清代屬於養老區，並不在宮廷的核心區。以寧壽宮為例，即現在的珍寶館景區，入口錫慶門就是滿文意譯的匾額。

這塊匾額的滿語首字 ᡠᡵᡤᡠᠨ，拉丁文轉寫為「urgun」，是「喜慶」之意；中字 ᡳᠰᠠᠪᡠᡵᡝ，拉丁文轉寫為「isabure」，意為「聚合的」；末字 ᡩᡠᡴᠠ，拉丁文轉寫為「duka」，是「大門」之意。寧壽宮的外殿基本上也是滿語意譯的匾額，寧壽宮滿語匾額為 ᠨᡳᡴᡨᠣᠨ ᠵᠠᠯᠠᡶᡠᠩᡤᠠ ᡤᡠᡵᡠᠩ，拉丁文轉寫為「nikton jalafungga gurung」，意為安寧長壽的宮殿。

皇極殿滿語匾額為ᠠᠮᠪᠠ ᡨᡝᠨ ᡳ ᡩᡝᠶᡝᠨ，拉丁文轉寫為「amba ten i deyen」，大致的意思是「太極之殿」，即以太極釋義皇極。比較有趣的是，寧壽宮的辦公區都是滿語意譯的匾額，但後面的頤養區又出現了變化。比如樂壽堂、頤和軒、倦勤齋等地，都是音譯的滿文匾額；尤其是暢音閣大戲樓的建築群，匾額只有漢文，沒有滿語。至於原因，還有待進一步考察。

北京故宮的核心區只有一個地方的匾額是滿文意譯，就是東西十二宮的長春宮。長春宮匾額上的滿語是四個詞，自上而下分別是ᡶᠣᡵᡤᠣᠨ、ᡝᠨᡨᡝᡥᡝᠮᡝ、ᠣᠪᡠᡵᡝ、ᡤᡠᡵᡠᠩ，拉丁文轉寫即「forgon enteheme obure gurung」。「forgon」意為季節；「enteheme」意為長久的；「obure」是一個使役動詞，大致意思是「讓」；「gurung」即「gung」（宮），整體大意是四季長久宮。

整個北京故宮開放區內，最獨特的匾額當屬近幾年開放的慈寧宮建築群。大概是由於當年孝莊文皇后長居於此，她是蒙古科爾沁王公的女兒，新建時特別在匾額滿漢字體上增添蒙古語。我們現在看到的慈寧門、慈寧宮、徽音左門均是如此。以慈寧門為例，滿語居中，左側是漢文，右側是蒙文。漢文採用的是篆字，和其他宮殿做區別；中間的滿文採用意譯，與很多地方也有所不同，自上而下的三個詞分別是ᡤᠣᠰᡳᠩᡤᠠ、ᡝᠯᡥᡝ、ᡩᡠᡴᠠ，拉丁文轉寫為「gosingga elhe duka」，意為仁慈太平的門；右側的蒙文，向蒙古族同事曉春老師請教後得知，大意與滿文相似，也是仁慈、安寧的門之意。

寧壽宮匾額

皇極殿匾額

錫慶門匾額

寶相樓匾額

吉祥門匾額

懸掛滿語意譯匾額的地方，大部分是乾隆時期重建。清高宗時，滿人慈寧門匾額已經比較普遍漢化，皇帝三番五次強調「國語騎射[1]」，要保留滿洲先民的民族特性，他看到一些滿族大臣的名字過於漢化，甚至親自替他們改名。為了突出官方文書上的滿語使用，盡量少用外語借用詞（類似現在生活中的「可樂」、「漢堡」一類詞語），他創造了大量滿語詞語，上文中提到的「gurung」、「deyen」，就是為了區別過去直接音譯的「gung」和「diyan」而新創的。這類意譯的匾額，很可能就是藉新建宮殿之機，在乾隆的授意下製作並懸掛上去。長春宮雖然不是乾隆時期重建的宮殿，但依然懸掛了滿語意譯的匾額，也許是皇帝出於某種原因，對長春宮格外垂青。

北京故宮分為內朝和外朝，內朝主要是生活區，外朝主要是工作區，即乾清門以南的區域。我們常說的「三大殿」，即太和殿、中和殿、保和殿等地，就是外朝的所在地。但現在看到的外朝區域，各門和各殿懸掛的匾額只有

慈寧門匾額

漢文，諸如「三大殿」及文華殿、武英殿、東華門、西華門等地。這是由於當年清帝退位，外朝上交給民國政府，袁世凱於一九一三年就任正式大總統後，下令將外朝的匾額全部更換，才變成今天看到的樣子。

太和殿很忙：清代國宴好吃嗎？

元旦這一天，太和殿很忙

太和殿可說是北京故宮建築群中最重要的建築，做為外朝三大殿之首，它是紫禁城裡規格最高的宮殿，在清代，只有最高禮儀的事務才會在這裡舉行，正如嘉慶在詩文〈御太和殿〉的注釋說「至太和殿為正朝，遇行大典禮及慶節受賀，則御之。」比如最隆重的清宮三大節往往都是以太和殿為主會場。

清宮三大節，即元旦節（大年初一）、冬至節、萬壽節（皇帝生日），皇帝要駕臨太和殿，接受百官朝賀，並與群臣共用大宴，又稱三大朝賀。三大節是國家的重大慶典，均有比較固定而繁瑣的禮儀流程，繁瑣到什麼程度？我曾見過一份乾隆二十四年禮部的檔案，年年慶祝的元旦節，禮儀流程竟然需要在前一天演習一遍。其實三個節日的流程大同小異，不妨將內容比較豐富的元旦節做為代表向大家介紹。

太和殿廣場一角

宮裡過年的內容非常豐富，和民間一樣，大年初一做為新年首日，這一天自然最為重要，皇帝的行程最滿。太和殿受賀以前，皇帝在子時一刻十分，大約凌晨十二點二十五分就要起床，從一點三十分左右開始四處祭祀，按乾隆朝的紀錄，大致有十二處祭祀與儀式。而六點十五分左右，皇帝必須趕到慈寧宮，此時要率王公及一、二品官員向皇太后朝賀，三品及以下官員則沒有資格進慈寧宮，他們要在午門外的分會場集合並排列整齊，聽慈寧宮傳來的消息再行大禮。趕完這些局後，皇帝才回乾清宮，等候太和殿的大典。

太和殿會場從五鼓時（約早上四點）便開始了，有鑾儀使、樂部陳放法駕鹵簿（皇帝的儀仗）和各種宮廷雅樂的樂器，有武備院在丹陛（宮殿的臺階）上的最南端搭建黃色幕帳，有內務府築坫臺於黃色幕帳之內，陳設尊、罍、卮、爵（先秦時代宴席禮節），有儀制司準備新年賀表。等群臣隨皇帝向太后朝賀完畢，鴻臚官將他們分左右班帶入太和殿及太和殿廣場，各就其位，禮部堂官去乾清門有請皇帝，皇帝在前擁後呼中乘輿出乾清宮，先由侍班官、導從官在中和殿進行一個小型的參拜儀式，行最高等級的三跪九叩禮。禮畢後，皇帝在中和韶樂中駕臨太和殿，之後的活動有鳴鞭、進贊、宣賀表等。宣賀表後，群臣要行三跪九叩大禮進行參拜，歸位後，行一叩禮，落座，皇帝賜茶，但只有王公、高級官員和外國使節能夠享用。嘉慶十三年的檔案記載，內茶房為元旦賜茶準備了六十桶茶水，雖然不知道茶桶有多大，但六十桶足見人員的規模之大了。賜茶已畢，進入慶典的高潮，即大宴。典禮中的每個環節，百官都有準確的路線和位置，都要按官階分組並依次安排順序，儀式當中還要穿插中和韶樂、丹陛大樂和導迎樂等宮廷雅樂。當然，這只是對慶典禮儀最為簡略的描述，由於內中的程序實在太過繁瑣，茲不贅述，有興趣的讀者可以參閱《大清會典》。不過，慶典中有一些細節還是非常有意思，比如皇帝的「專屬ＢＧＭ[2]」和大宴的座次安排。

但凡典禮，皇帝的每一番動作都要有雅樂相伴，古今中外都一樣，即便是今天的一些單位、學校安排領獎儀式，經常要放些進行曲，都是歷史文化的遺留，只不過在當年，皇帝有專門為他打造的雅樂，按現在話說，就是他的「專屬ＢＧＭ」。很多清宮劇在展現這種場景時，經常會出現幾個人抬著像喇叭一樣的畫角[3]，不過真實歷史上的三大節活動，並不鳴奏此類音樂，中和韶樂、丹陛大樂才是這種場合的主角。雖然現在已經不知道當年的雅樂是什麼曲調，但從樂隊的配置上大概可以腦補一下樂曲的風格。

按《大清會典》記載，中和韶樂分東、西兩班，東班有領樂官二員，歌工一名，樂工十四名，配有樂器麾一、柷一，應鼓一，金鐘十六，琴二，瑟一，笙二，簫一，笛一，塤一，篪一，排簫一，搏拊一；西班有領樂官二員，歌工一名，樂工十四名，配有樂器玉琴十六，琴二，瑟一，笙二，簫一，笛一，塤一，篪一，排簫一，搏拊一，敔一。

丹陛大樂亦分東、西兩班，東班僅領樂官三員，西班領樂官三員，次俳長四名，歌工二名，樂工二十八名，配有樂器大鼓二，方響二，笙四，管四，笛四，雲鑼二，拍板一，杖鼓一。雖然有些樂器現在很少有人認識，不過大致還算清楚，這兩種大樂都是絲竹管弦與鐘鼓一類的打擊樂相配，曲調應該比較悠揚和緩，並配有人歌唱，與清宮劇的那種類似進行曲式音樂有很大差異。

清宮三大節的朝賀典禮後，常設有大宴，這麼多人的大宴該怎麼排座次呢？太和殿會場的座席大致分為四個部分，即殿內、廊下、丹陛以上和丹陛以下。按光緒二十年的檔案記載，這是仿乾隆九年的檔案安排，殿內設一百零五桌，為王公，一、二品大員，起居注官，以及蒙古、回部等地貴族；廊下設兩桌，為都察院左都御史、理藩院尚書侍郎；丹陛上設四十三桌，為禮部堂官、內務府大臣、喜起舞大臣，以及一、二品世爵等；丹陛下分東、西兩班，共設四十桌，主要是三品以下官員和外國使節，共一百九十桌。別看殿內設有一百零五張桌子，就代表人數很多，金字塔尖上的王公貴族哪有那麼多。按照傳統宴席的規制，會按身分高低，最少可一人宴一桌，皇帝肯定是一人一桌，太和殿內的王公基本上是兩人一桌，到下面品級比較低的官員，最多可六人宴一桌。那麼多外國使節，一共才分配兩張桌子，想必就是六人宴一桌了。都說是「萬國來朝」，這麼一看，其實也沒幾國。

國宴到底吃什麼？

大宴吃什麼或許是大部分人最為關心的事，但光緒二十年的檔案記載，只有羊肉一項，那一年不僅皇帝參加大宴，皇太后和皇后也去了，他們不過是在羊和酒的數量上多了一些，分別是九隻羊、九瓶酒，全部宴席才一百隻羊、一百瓶酒。根據清宮的飲食習慣，我推測這九隻羊的吃法，無非就是常見的涮羊肉而已。估計不少人會很驚訝，雖說也是吃肉、喝酒，但元旦大宴，國之重典，吃的也太單調了！其實在清代，國家的禮儀慶典，吃什麼反而不那麼重要，突顯出禮儀的繁複和場面的盛大才是要務，即所謂「非壯麗無以重威」。賜茶、敬酒的繁文縟節，在雅樂伴奏之下，有司禮人員的指揮，有儀仗隊伍陪襯，一遍遍叩首，一遍遍謝恩，才能顯示出朝廷的氣度。這麼多人一起吃飯，要真是絲溜片炒，烹飪上有很大困難，而且製作地點與會場也有一定的距離，別說是元旦節這樣的冬天，就算是乾隆過生日的八月，菜品傳過來早涼透了，倒是火鍋涮肉沒有任何不便。不僅國宴上的飲食只有羊肉一種，而且這些羊還不是都由皇家提供。根據檔案記載，大宴所用的桌子、羊肉和酒，有一部分要由王公貴族按爵位的高低進獻，最多的是親王，每人要進桌八張、羊三隻、酒三瓶，最少的是宗室中的鎮國公、輔國公等入八分公，每人進桌一張、羊一隻、酒一瓶，其餘的由內膳房提供並製作，再餘下的少部分則由光祿寺承辦。倒不是皇上摳門，清朝的君臣間一直都或多或少地保留主奴關係，畢竟連親王在皇上面前都要自稱奴才，這些主家辦事、附庸添菜的方式，是滿人在關外的舊俗，即便到了清末，這種習慣也一直存續著。

大宴的飲食雖然不算豐富，但進饌已畢，安排的節目倒是很有意思，既有突顯滿洲舊俗的傳統項目，也有專為娛樂的「陳百戲」，就是各種雜耍。傳統節目基本是固定的，即慶隆舞、喜起舞和蒙古樂曲。慶隆舞由侍衛表演，有的裝扮成獵人，踩高蹺，騎著竹子做的馬，有的裝扮成野獸，在琵琶、三弦、奚琴、箏等樂器的伴奏下，表演滿洲先民在關外時傳說中的狩獵故事。姚元之的《竹葉亭雜記》記錄了慶隆舞的起源，「達呼爾居黑龍江之地，從古未歸王化。彼地有一種獸，不知何名，喜齧馬腿，達呼爾畏之倍於虎，不敢安居。國初時，曾至彼地，因著高蹻騎假馬，竟射殺此獸。達呼爾以為神也，乃歸誠焉。因作是舞。」喜起舞是由大臣表演，有歌者，戴貂帽，穿豹皮褂，亦有舞者，著一品朝服。表演時，樂工們吹簫擊鼓，舞者按節拍起舞，而歌者以滿語歌唱大清開國時的尤勤之事，就是訴說一些當年打江山時的不易。喜起舞畢，便有「吹笳吹人員進殿」演奏蒙古樂曲。

前三個節目都屬於政治目的比較明確的儀式，之後便進入純娛樂環節。仍以光緒二十年為例，在蒙古樂曲後，依次是朝鮮擲倒伎、回部（指新疆地

清代銀「壽」字鍋

區）伎、粗緬甸樂和金川番子番童舞獅子。這四類雜耍恐怕如今很少有人能給予明確的解釋，只能對某類表演從史籍的蛛絲馬跡中進行推測。其中朝鮮擲倒伎和回部伎有可能是一類表演，光緒朝《欽定大清會典事例》記錄元旦宴雜耍時說：「引朝鮮、回部各擲倒伎人。」可見這只是不同風格的「擲倒」表演，但何為「擲倒」呢？在另一份檔案中，我們看到對朝鮮擲倒伎的另一個稱謂，即「高麗筋斗」，就是翻筋斗，具體怎麼翻，有什麼花樣，與回部翻筋斗有何異同，就不得而知了。另外，現在看到的舞獅可能和宮廷技藝有所不同，一般的舞獅，無論南派還是北派，基本多興盛於東部地區，而檔案中提到的金川番子番童，是乾隆年間平定川西戰爭中俘虜或投誠的人員，在乾隆到光緒的一百多年間，專用金川人在國宴上表演此項內容，頗有西南少數民族風情，與今天常見的演繹方式有很大差異。

雜耍表演後，皇帝便在雅樂聲中回宮，但群臣的活動並沒有結束。按清代的規矩，大臣們參加的宮廷筵宴大多是「連吃帶拿」的飯局，他們在太和殿大宴尾聲自然要領取皇上的賞賜。以乾隆朝元旦節的賞賜為例，這是清代最為鼎盛的時期，大致有「黃細綿綢」、「白細綿綢」等布匹，「龍紋簾席」、「滿花方席」等編織物，獺皮、紙張和黏米等雜項。皇上貌似是個過日子的人，賞賜給大臣們的禮物都很實在，連黏米都有四十石，前面要突顯「非壯麗無以重威」，「威」立完了，大家得踏踏實實過日子，日子過好了，才是國之根本。

乾清宮的蹊蹺：正大光明匾背後有什麼？

藏在匾額背後的祕密是什麼？

乾清宮是紫禁城裡後宮的核心，其他宮殿與乾清宮在地理位置上的距離由近及遠，等級地位相對由高至低。康熙以前，這裡一直是皇帝的寢宮，雍正以後，這裡依然是諸多禮儀慶典的舉行場所和皇帝重要的辦公地。皇家的除夕家宴、上元宴、親藩宴、清宮曲宴等，經常在這裡舉辦；清代共舉辦過四次千叟

宴，乾清宮曾兩次成為主會場。皇帝常以其為接見外國使臣的場所，乾隆十八年，葡萄牙使臣在乾清宮朝覲；光緒二十九年，皇帝與皇太后在此接受各國使臣的新年賀禮。而在典儀之外，皇帝的工作也多於此進行。這裡的西暖閣常被做為召見臣工之所，《翁同龢日記》記述過慈禧太后和光緒帝在此同時與他召對的情景。而雍正時，同樣在乾清宮西暖閣，皇帝召集群臣，宣布了關係國朝千秋萬代的重大改革，就是清代著名的祕密立儲制度。這項極為重要的皇位繼承制度，祕密就藏在乾清宮的正大光明匾後。

「正大光明」出於朱熹的〈答周益公〉，即「至若范公之心，則其正大光明。」這塊匾最早為順治御筆，後由康熙描摹，藏於紫禁城內御書處，現在看到的是後來再經摹寫的版本。不過，與存世量不多的順治漢語筆跡對比，「正大光明」這四個字貌似經過明顯「美顏」過。雍正元年，皇帝召集總理事務王大臣、滿漢文武大臣九卿入乾清宮，當眾宣布已經祕密選好接班人，並將名字寫在遺詔上。祕密立儲就是除皇帝外，沒有第二個人知道繼承大統的人是誰。遺詔一式兩份，一份被密封在匣裡，放置於正大光明匾後；另一份則由皇帝常年帶在身邊，直到他駕崩後再取出遺詔，當眾宣布的繼承人就是新皇帝了。

從此，清代不再立皇太子，開啟了主要以祕密立儲方式完成皇權交接的時代。雖然咸豐以後未再使用，但主要是因為皇家子嗣凋零，這項制度並沒有被廢止。

乾清宮外景

正大光明匾（中國第一歷史檔案館編《清代文書檔案圖鑑》）

清代以前，中國歷史上的政權對於皇位繼承，大多採用預立太子的方式，即以嫡長子為排序方式的宗法制為主要選擇手段，最為輿論所廣泛認可。清廷起先曾採用這種預立太子的方式，但沒有獲得好的結果。尤其是康熙的太子允礽，經歷兩立兩廢，皇帝極度傷心，身體幾乎就此垮掉，而在第二次廢太子後，立儲人選不明，便引發一場曠日持久的政治風波，即長達十幾年的「九子奪嫡」，造成國家動盪。康熙最終是以祕密傳位的方式，完成權力交接，算是草創了祕密立儲制度。

史學界對這項制度的評價並不統一，有人認為祕密立儲，皇帝對繼承人可以進行長期觀察，有利於更好地選擇繼承人；而不設立皇太子，可以更好地保護儲君，有利於國家穩定。有人則認為祕密立儲使皇位繼承高度集中在皇帝一人手中，沒有任何討論餘地，新君的不確定性反而更大。在此，我不想討論這項制度的好壞，只想就祕密立儲中的遺詔問題進行史學性說明。

康熙的繼承人究竟是誰？

中國第一歷史檔案館館藏有一份道光皇帝的祕密立儲遺詔，就是藏在正大光明匾後的祕密。該遺詔上有滿、漢兩體文字，寫於道光二十六年，不過內容非常簡單，主要就是「皇六子奕訢封為親王，皇四子奕詝立為皇太子」。這是道光在生前親筆所寫，其駕崩後，四子奕詝正是憑此當上皇帝，就是咸豐帝。咸豐登基之初，以這份遺詔為基礎，擬就一份極為正式且辭藻華麗的詔書，昭告天下。

康熙是祕密建儲的草創者，但雍正即位後，關於他得位不正的傳聞出現了，以至於世宗在他著述的《大義覺迷錄》還特別進行回應。但成效甚微，反而使這一說法得到更廣泛的流傳，成為清宮歷史疑案。當然，民間流傳最廣的版本，即雍正命隆科多把康熙遺詔中的「傳位十四子」改為「傳位於四子」，這個說法早就被推翻了。但在學界，關於雍正篡位與繼位的問題仍無法達成共識。因為康熙是祕密傳位，沒有完備這一制度，群臣不知道他究竟屬意誰，除了雍正的說法外，歷史文獻沒留下任何關鍵證據，而這個問題爭論的焦點正在於此。現在學者只是透過各種史料的蛛絲馬跡進行分析推理，如果像上文提到的道光親筆遺詔，一式兩份，皇帝駕崩後，群臣將正大光明匾後的那份文書與皇帝身上的文書對照，哪怕只有一份康熙親筆的傳位詔書，這事不就簡單了嗎？

有些人，甚至是學者也拿過所謂的「康熙遺詔」，證明雍正登基的合法性。這份「遺詔」確實是清宮檔案原件，內中確實寫著「雍親王皇四子胤禛，人品貴重，深肖朕躬，必能克承大統。著繼朕登基，即皇帝位。」但這不是康熙留下的，而是雍正登基後昭告天下的那份詔書，類似上文所說的那份根據道光親筆遺詔而再擬定的詔書，無法做為直接證據，內容的可信度就大打折扣了。

雖然我比較支持雍正合法繼位的觀點，特別是康熙臨終前曾委派他去行祭天大禮，但這只能做為推測。與一位前輩學者聊天時，他說曾見過康熙親筆遺詔的滿文檔案，整個檔案保存得比較完好，唯有繼位人的部分模糊不清，當中是否有蹊蹺，也未可知，但此事只是閒聊，並不一定正確。正大光明匾後的祕密雖然還有待時間揭開，但也恰恰是歷史的魅力所在。

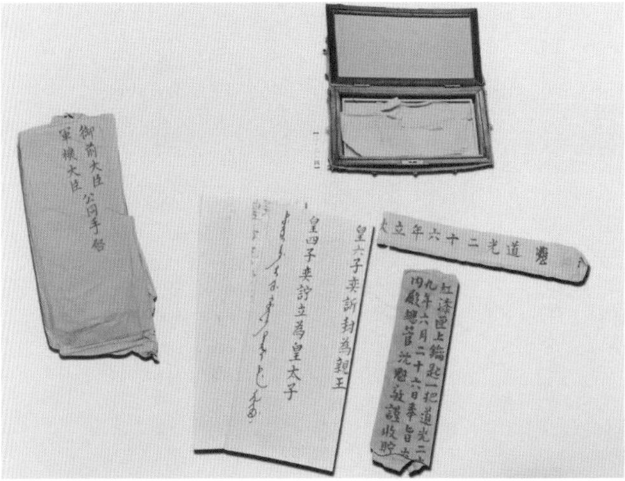

祕密立儲匣及遺詔（中國第一歷史檔案館編《清代文書檔案圖鑑》）

禍隋文帝亦開創之主不能預知其子煬帝之惡卒致不克令終皆由辨
之不早也朕之子孫百有餘人朕年已七十諸王大臣官員軍民以及蒙
古人等無不愛惜朕年邁之人今雖以壽終朕亦愉悅至
太祖皇帝之子禮親王饒餘王之子孫現今俱各安全朕身後爾等若能協心保全
朕亦欣然安逝雍親王皇四子胤禛人品貴重深肖朕躬必能克承大統
著繼朕登基即皇帝位即遵典制持服二十七日釋服布告中外咸使聞
知

康熙遺詔局部（中國第一歷史檔案館編《清代文書檔案圖鑑》）

暢音閣的遺憾：頂級大秀為何無人喝采？

頂級演出，無人喝采

暢音閣是清代北京最大的戲樓，位於現在的北京故宮博物院珍寶館內。自乾隆時期開始營建，到嘉慶時，後部的扮戲樓才告竣工。暢音閣的建築結構非常巧妙，從外表看上下共三層，分別命名為「福」、「祿」、「壽」，但實有五層。根據宮廷劇《昭代簫韶》劇本「凡例」中的記載：

劇中有上帝、神祇、仙佛及人民、鬼魅，其出入上下應分福臺、祿臺、壽臺及仙樓、天井、地井。

五層戲臺都能相通，演繹大型神話劇時，每一層分別代表天宮、人間、地府，每層都有絞盤、轆轤、繩索等設備，可以透過類似現代吊鋼絲的技術，表現上天入地的宏大場景。尤其在一層戲臺的臺板下，還暗藏一間地下室，即所謂「地井」，內中有四口旱井，可使演員歌唱時的聲音更加集中，形成音響般的效果。如此恢宏而精巧的戲樓，在歷朝歷代絕無僅有，更從側面突顯出清宮對戲曲的熱愛。暢音閣所在的位置是專為看戲而營建的院落。戲臺居南，而正對戲臺的閱是樓，專供皇帝、太后、皇后及各宮主位觀劇。很多歷史文獻記載過皇家在此看戲的情景，如《故宮退食錄》，老太監耿進喜曾口述當年慈禧太后看戲的樣子：

老太后大多坐在炕上（閱是樓西間的炕），也有坐在凳子或椅子上的時候，有時溜溜達達站一會兒或從後門出去晃一下，或是睡個覺，臺上依然照常唱，從早唱到晚。晚上有時候不唱戲……皇后和各宮主位們、四格格、元大奶奶、各府裡福晉們都在東邊拐角屋裡，也有和太后一起站著的時候，或是隨便找地方坐一會兒，只要太后看不見的地方，哪裡都能坐著。夏天也有在廊簷下站著的時候，要是好戲一開始，廊簷底下便擠一大堆人，媽媽女子的都在那裡聽。

每遇慶典，皇家都會有演劇活動，宮廷往往還會恩賞大臣們進宮看戲。按《翁同龢日記》記載，屆時，閱是樓中間的三個包廂分別是皇帝、太后和皇后的位置，東、西兩側的各一間房則分給其他嬪妃，大臣們沒有資格坐在這裡。暢音閣院落東、西兩側的遊廊各間隔出五間屋子，大臣們根據身分地位，被分成十組，分別坐在自己的包廂裡。如光緒九年六月，內務府檔案記載了東西兩廊下的觀劇人，以東廊下為例：

惇親王、恭親王一間，惠郡王、載澂、載瀅、奕謨、載瀛、載津一間，寶鋆、李鴻藻、景廉、翁同龢一間，廣科、靈桂、文煜、閻敬銘、恩承、徐桐、瑞聯、張之萬、麟書、額勒和布一間，孫家鼐、張家驤一間。

宮中看戲往往會邊吃邊看，內務府替觀眾準備不少茶點。從嘉慶十六年的一份檔案來看，僅觀劇時隨上的奶茶就用奶二百斤之多，其他的餑餑果品等，現在雖未見到相關的直接記載，但可以想像豐盛的程度。宮中看戲有不少禮儀，與現在的認知大不相同，如無論表演多精采，絕不許鼓掌叫好。這倒不是宮廷的特殊規矩，而是在過去，藝人地位極低，為藝人喝采是有失身分的表現。別說是王府宅門的堂會，就是坐在戲園子包廂裡的大戶人家，也少有人為之。

最大牌戲曲的粉絲有多狂熱

清代皇家可謂戲曲的狂熱粉絲，宮廷有著極為龐大的戲班。「康乾盛世」時，主要由南府、景山等機構負責清宮的演劇事務。這些機構之內還分為內學和外學，其中再分支成頭學、二學、三學，演劇人員主要由太監、旗籍藝人和江南的民籍藝人構成，分別被稱為學藝太監和學藝人（或學生），最多可達上千人。清宮給予這些藝人的工資待遇比較高，最高每月可達四兩，比有官員身分而無品級的柏唐阿還要高。從乾隆五十三年檔案情況來看，南府的民籍藝人一年工資將近

暢音閣戲樓一層舞臺

白銀一萬兩，相當於營建一座公主府的總價。此外，皇帝對自己喜愛的演員還有特別的恩賞。如乾隆元年，皇帝特批三名學藝太監入旗，比純惠皇貴妃一家早三年入旗，從此這三名太監的兄弟、姪孫們便可世代享受八旗待遇。再如一份乾隆二十年的檔案顯示，高宗即位後的二十年間，又有七名民籍藝人被恩賞八旗身分。直到道光初年，由於國力日漸衰落，大量裁撤藝人並改組，清宮的演劇部門改成升平署，但仍有數百人為之效力。

如今很多人說慈禧太后為了看戲極盡奢華，還破例宣召民間藝人

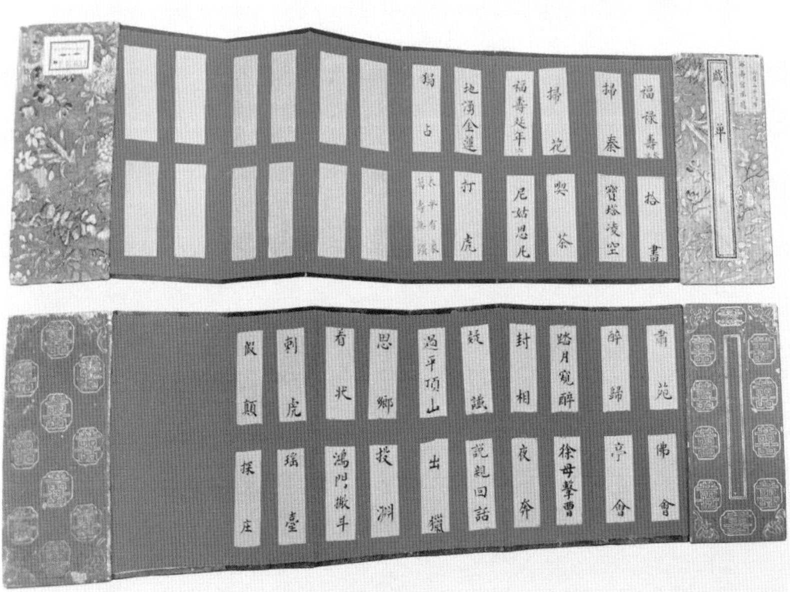

清宮戲單（中國第一歷史檔案館編《清代文書檔案圖鑑》）

進宮演劇，可與清代盛世相比，她只能算是「窮歡樂」了。康熙、乾隆，乃至清末的光緒帝，都是非常有名的戲迷。如姚廷遴在《歷年記》就有康熙皇帝觀劇的記載，康熙南巡到蘇州，剛到達便命人傳民間戲班前來演出，還興致勃勃地親自點戲，不顧一路勞乏，當晚就看了二十多齣戲，到了通宵達旦的地步，第二天更是為了觀劇而推遲去虎丘的行程。

由於皇帝的喜愛，自康熙至嘉慶的一百五十餘年間，宮廷專門命一些才華異稟的文人編撰大量宮廷大戲，每部戲統一為十本二百四十齣。如張照根據目蓮僧救母的故事主撰《勸善金科》，根據《西遊記》主撰《平寶筏》；周詳玉根據《三國演義》主撰《鼎峙春秋》，根據《水滸傳》主撰《忠義璇圖》；再如王廷章根據楊家將故事主撰《昭代簫韶》等。這些連臺本戲如同現在的電視連續劇，從頭至尾能連續上演三個月。

每逢各種節日和喜慶的日子，清宮還特別為這一天編演專屬的劇碼，稱為「節令戲」。尤其是乾隆皇帝，對節令戲格外關注，更命專人設計劇本、服裝、唱腔，僅劇裝一項就有專門的《穿戴提綱》，並將其定為制度。在元旦、冬至、臘八、祭灶、小除夕、除夕、燈節、立春等節日，清宮分別上演專為這一天編排的節令戲，如《群星朝賀》、《開筵稱慶》、《大宴臣僚》、《玉女獻盆》、《瀛洲佳話》、《對雪題詩》、《萬花向榮》等劇。還有宮廷的各類慶典，像皇帝上尊號、皇帝或皇子訂婚和結婚、皇子誕生、冊封貴妃等，上演的有《紅絲協吉》、《璧月呈祥》、《雙星永慶》、《列宿遙臨》、《吉曜充庭》、《慈雲錫類》等。這些節令戲一般固定在演出的最開始，比如大年初一這天，《喜朝五位》是歷年必演的開場戲目，這齣節令戲過後，其他劇就沒有特別要求了，基本上是觀劇人當天點的戲。節令戲的時間一般比較短，僅五～十五分鐘，但往往參演人員眾多。如《聖壽綿長》這樣的祝壽戲，僅演員就有二百人，主要就是以宏大的歌舞場面來烘托慶典的主題，有點類似中國現在「春晚」的開場舞蹈。

前代皇帝愛編劇，後代皇帝愛演戲

清代的皇帝在看戲這方面都是完美主義者，不僅劇本故事要扣人心弦，詞句典雅傳神，演員表演也要精湛自然，唱腔設計更講究抑揚頓挫，就連服裝、舞美都要求得極為精緻，以乾隆帝最具代表性。乾隆對戲衣的製作極為重視，每逢新製戲衣，都要先讓如意館（宮廷負責繪畫的部門）畫出樣式，經他欽准後，再發往江南的織造機構，嚴格按照樣式製作，而樣式出來後，他都會提出極為具體的意見。比如乾隆五年七月，內務府交來一套八仙戲衣，皇帝便對顏色、繡工等提出詳細意見：

將韓湘子石青色繡衣另換做香色，鐵拐李黑青色繡衣換成石青色，俱照此花樣、尺寸，往細緻裡繡，做八件，其衣上繡水要往好裡改繡。先畫一身樣呈覽，准時再做。欽此。

這份檔案體現了皇帝對劇裝細緻的要求，但清宮演劇的審美要求卻遠遠不止於此。現藏於北京故宮博物院的戲衣多達上萬件，其中有大量採用緙絲、納紗工藝製作的絲織品，還有很多採用「妝花緞」面料，價格之昂貴不難想像。現在看到的很多戲曲服裝大多採用刺繡工藝，已經讓人嘆為觀止了，而清宮的戲衣紋樣竟然是織出來的。尤其是妝花緞，還常以孔雀羽線、金線為原料，耗工、耗時，往往一天只能織出兩寸，所以有「寸金換妝花」的說法。如此工藝水準的戲衣大量出現在宮廷戲曲演出中，成本真是無法想像。而配合演出的各種道具，大多有相同水準的製作工藝。特別是乾隆時期，舞臺上會擺出各式各樣的景片，配合戲劇的故事背景，讓演員或穿越在山水之間，或行走在歷史畫卷當中，完全不亞於當代「聲光電」的舞臺景觀。

從各種歷史文獻的記載來看，在清代中前期，皇帝愛戲主要表現為對劇本、服裝、舞美等方面要求細緻，到了晚清，他們往往有登臺表演的欲望。老太監耿進喜曾口述：

這是聽我師父說的，那時還沒有我哪。說是同治爺能二三一唱武生，可是沒嗓子，唱過《白水灘》，趕著沒外人的時候哄老太后一樂。有一回在寧壽宮唱《黃鶴樓》，同治爺唱趙雲，太監高四唱劉備，趙雲打躬參見主公，那個高四趕緊站起來打橫說：「奴才不敢。」同治爺說：「你這是唱什麼戲呢，不許這樣，重新來！」逗得太后直樂。

不過在京劇老藝人徐蘭沅口述裡，替慈禧太后唱戲的則變成光緒帝，太監印劉出演劉備，喜劉出演孔明，李蓮英出演周瑜。史學界對於這則故事的主角尚有爭議，但皇帝親自「粉墨登場」的事應該比較可靠。

光緒帝對戲曲還有另一愛好就是打鼓，不僅宮內和京劇界有很多相關傳聞，而且從升平署的檔案記載來看，光緒確實常派人要整套的鑼鼓進行研究。不管水準如何，可以看出皇帝的興趣相當濃厚。

皇帝對戲曲的不同偏好，可能是因為清宮裡流行的劇種有比較大的變化。咸豐以前，宮廷一直流行崑曲和弋陽腔，節令戲和連臺本戲都以這兩個劇種演繹，皇帝對其他劇種極為排斥，還進行過很嚴厲的禁止行為，戲曲史上的「花雅之爭[4]」即指此事。不過咸豐時，民間的皮黃戲（京劇前身）愈來愈興盛，在皇帝「屢禁不止」後，竟漸漸進入宮廷，特別是在慈禧太后

「垂簾聽政」後，由於她頗愛皮黃，宮廷演劇更以此為主了。從戲曲結構來看，崑弋腔屬於曲牌體，音律辭藻比較嚴格，一齣劇的靈魂更體現在編劇之手；而皮黃戲屬於板腔體，演員、樂隊都有更大的發揮空間，一齣劇的靈魂在於演員。所以，前代皇帝愛編劇，後代皇帝愛演戲，這和劇種的變化不無關聯。

坤寧宮的真面目：被婚房耽誤了主業的肉食廚房

喜憂參半的吃肉大會

紫禁城營建之初，坤寧宮被設計為皇后的居所，立於中軸線上。后妃居住的東西十二宮，以它為中心分布於兩側，地位非凡，正所謂「皇后居中宮，主內治」。明代的每個皇后都以坤寧宮為寢宮，直至最後一任崇禎的周皇后。當年李闖王入京，城破時，周皇后回到坤寧宮「自經而亡」。

遊覽過北京故宮坤寧宮的朋友大概會好奇一件事，正廳有三口大鍋，鍋臺上窗欞前有不少煮肉的匙、鏟、鉤等鐵廚具，東南角的東牆上還供有灶君神位。沒看錯吧？坤寧宮不是皇后的寢宮嗎？難道是娘娘親自做飯的地方？其實，我們現在看到的坤寧宮，已經找不到明代的痕跡了，清兵入關後，仿照瀋陽故宮的清寧宮進行一番裝修改造，皇后早就不在此常住。

清代的坤寧宮每天都要進行薩滿祭祀，「薩滿」是東北亞民族的原始神祕信仰，主要講究「祭祖安神」，要「祭神、祭板子、祭堂子、祭杆子」，而且還要「殺牲」上祭。我們看到的鍋臺炊具，就是製作供品用的。常規的薩滿祭祀每天有早晚兩次，即「朝祭」與「夕祭」。

坤寧宮西側薩滿祭祀所用部分器物

朝祭在寅、卯兩個時辰之間（凌晨三點至七點），祭祀的神龕置於西炕之上，供釋迦牟尼佛、觀世音菩薩和關公。夕祭在未、申兩個時辰之間（下午一點至五點），祭祀的神龕置於北炕之上，供穆哩罕神、畫像神和蒙古神。祭祀大致分三步，首先是唱薩滿神歌，朝祭時，以三弦和琵琶伴奏；夕祭時，以束腰的串鈴和手鼓伴奏。之後則是致祝詞，進獻供品。

薩滿祭祀的供品基本上分兩類，一是薩滿神糕，以稷豆黃米為原料；一是胙肉，就是水煮的豬肉，不過根據不同祭祀的規模和目的，用豬的數量和種類有所不同。日常的祭祀，每日四頭，如果遇到還願的祭祀，就只用一頭，用的豬是普通的白豬，《國朝宮史》記載，一年共用五百一十八頭。一些大型祭祀則要改用大牙豬，這樣的豬每一季要用三十九頭。

俗話說「心到神知，上供人吃」，日常的這些祭品都會賞賜給散佚大臣和侍衛們分食。尤其在正月初二、仲春、秋朔這樣大型的祭祀時，宮廷還會在坤寧宮舉行「吃肉大會」，皇家和王公親貴、中樞大臣一般都要參加。皇上率群臣向西大炕上的神龕行一叩首禮，行禮畢，合班席坐。司俎官將祭祀時分割成九部分的豬肉依序端上來，由皇上親自再切成大塊分賞給群臣，有點像現在壽星切蛋糕分給大家的意思。男女有別，女眷們不便和大臣共處一室，所以皇后、各妃嬪和諸王福晉們都在東暖閣，皇上要命人把切好的肉送過去。

胙肉是很原始的味道，不僅沒有蔥、薑、大料等調味品，而且一頭豬只分為九段下鍋，塊頭太大，放水裡只能煮七、八分熟，拿刀切開裡面是生熟不均，吃的時候連鹽都不能蘸，又腥又膩。當年很多大臣都吃不慣，視此為畏途，我想現代人也難以下嚥。就連乾隆皇帝一次用膳後，也批評了一句：「祭神豬肉臊氣不好吃！」漸漸地有些大臣想出一個法子，用醬油泡高麗紙，晾乾後，反覆浸泡數次，吃肉時用高麗紙擦刀，隨切肉，隨擦刀，紙上的鹽分鹹味，被肉上的熱氣一蒸，就沾到肉上。到了晚清，皇家祭祀漸漸破除一些「國俗祖制」，吃肉時會配套送上醬菜，省得大臣自帶高麗紙。

據說胙肉一定要吃掉，代表福不出門，不僅皇宮、王府、宅門，甚至有錢的普通旗人家，都是這樣。薩滿祭祀並不是皇家祭祀，普通的滿族人家也可以舉行。祭神撤下來的胙肉稱為「神餘」，可以邀請朋友來吃，稱為「吃神餘」，這樣才能為自己和家人免災祈福，帶來好運。所以，客人吃完之後不許道謝。

只要懂得這些規矩，無論什麼人都可以隨意出入「吃肉大會」。坐觀老人在《清代野記》描述他參加的「吃肉大會」：

凡滿洲貴家有大祭祀或喜慶，則設食肉之會，無論識與不識，若明其禮節者即可往……予光緒二年冬，在英果敏公宅，一與此會，予同坐皆漢人，一方肉竟不能畢，觀隔座滿人，則狼吞虎嚥，有連食三四盤、五六盤者。

據說，當時上的肉都是方子肉，就是一整塊方形的大肉，約十斤。來吃肉的人隨身帶刀，自片自食，並用大瓷碗輪飲高粱酒，客人吃得愈多，主人愈歡喜，還要一再致謝來吃肉的客人。

薩滿祭祀吃肉的習慣其實和北京的一家老字號店鋪有很大的關係，就是缸瓦市的砂鍋居。當年，缸瓦市附近的王府特別多，禮王府、鄭親王府、莊親王府、順承郡王府、克勤郡王府、慶親王府、恂郡王府都離此不遠。王府每天都要進行祭祀，剩下那麼多胙肉，王爺不能招一群不相干的人進府吃，便賞給下人，但久而久之，下人也吃膩了，便偷偷賣出去換些零用錢。同治年間，劉某與王府管事松七有故交，於是松管家就常把撤下來的胙肉和下水便宜賣給劉某，價錢之低近乎白給。有了這麼好的進貨管道，劉某便開了間小吃攤，後來發展成北京「八大居」之一的砂鍋居。這家老字號最招牌的菜就是當年以胙肉為原料的砂鍋白肉，不過現在可比當年皇上吃的美味許多。而且，如果細心的話，可以發現他們家的砂鍋白肉雖說是五花肉，卻都不帶皮。這是因為當初薩滿的祭祀儀式中，煮豬肉前要先去掉豬皮，於是這個傳統原汁原味地保留到了現在。

神祕消失的索倫杆

滿人的薩滿祭祀還有「祭杆子」的重大儀式，「杆子」學名叫「索倫杆」。當年清宮裡的索倫杆非常多，且杆子上都裝有一個圓形的木斗。因為早期很多東北亞民族崇拜烏鴉，這個木斗裡裝滿穀物，專門餵食烏鴉，以致於現在還有大量的烏鴉以北京故宮為家。坤寧宮的索倫杆就在宮殿附近，不過現今只剩下遺跡，現在參觀北京故宮時，往往都會忽略它。坤寧宮和交泰殿之間、近交泰殿後牆的地方，有一座石墩，中間是一個方形的鐵疙瘩，很像我們常見的旗杆，但好像被截斷一樣。我問過北京故宮的工作人員和研究薩滿教的老師，他們都確定這裡就是當年的索倫杆舊址。可是當年的索倫杆為什麼沒了呢？《欽定現行宮中則例》記載，坤寧宮的索倫杆與他處不同。每逢春、秋兩季，都有「豎杆大祭」，神杆雖然是常設，但每逢春秋大祭都要換一根新的，坤寧宮前的索倫杆可以拆卸。現在看到的神杆基座並不是被鋸掉，而是早年被拆走了。

坤寧宮外的索倫杆基座

嘉、道時期的俞鴻漸在《印雪軒隨筆》對坤寧宮的索倫杆有這樣的記載：

宮內用的神杆要專門採用北京郊區延慶的木材，但當年延慶的山裡多有老虎出沒，所以採伐祀神的木材前，要先進行祭祀，以免有猛虎傷人。沒想到當年的北京生態環境還挺好，現在被稱為延慶區的轄界，都趕上景陽岡了。

除了常見的薩滿祭祀，清宮裡的祭灶儀式也在坤寧宮舉行。臘月二十三是中國傳統的小年，這一天要祭灶王，各家各戶都開始進入過年的狀態了。民間將灶王視為一家之主，一家之主對全家進行一年的觀察，要在年終時上天彙報，所以老百姓的俗語說「二十三，糖瓜黏」，就是要用麥芽糖在灶王的嘴上抹一抹，以祈求「上天言好事，回宮降吉祥」，至今都是我們極為熟悉的民俗。

皇家祭灶與民間不同，在坤寧宮舉辦，由皇帝親自主持，可以看出宮廷的重視程度，這是一次隆重的國家重要典禮。屆時，坤寧宮內會設擺天地神位和東廚灶神之位，皇帝要向天地神位行九拜禮，向灶神之位行三叩禮。薩滿大祭由皇帝率群臣行一叩禮，相比之下，祭灶的禮儀規格要高得多了。祭祀的供品也比民間豐富得多，供品多達三十三品，此外還有一隻黃羊做為主祭品。《燕京歲時記》說以黃羊祭灶是古法，至清代時只有宮廷還有所保留。我在《內務府奏銷檔》裡常看到，每至臘月中，皇帝就會專門命人去南苑的圍獵場打黃羊，以備祭灶之用，並分賞給各親貴。祭灶的黃羊和祭薩滿的豬大概都是一樣的命運，撤供後就被分食了。康熙時的黎士弘在《仁恕堂筆記》特別記述過黃羊的味道，他說「味比家羊稍淡」，看來他是吃過的。

清代的各位帝王中，乾隆還有些特別事蹟。《竹葉亭雜記》中記載每逢臘月二十三祭灶，乾隆到坤寧宮後，會先以板鼓擊節而歌，唱上一段〈訪賢〉之曲，再行祭灶的儀式。乾隆喜歡聽戲賞曲，史籍有諸多記載，但他是不是喜歡親自唱，線索倒是很少。依我看，乾隆每年迎接新年到來時必唱〈訪賢〉，大概是因為他更關心為國求賢的事，也是期許來年能夠多降人才。

迎親合巹吃餑餑，婚房也專業

我們從名字上可以看出，坤寧宮對應的是乾清宮。乾指天，代指男性；坤指地，代指女性。正如明代宮廷的安排，這裡是皇后母儀天下事的核心場所。雖然清代進行了改造，但以女性為主角的方向並沒有大變化。在平常的日子裡，薩滿祭祀都是由皇后執行，只是有不少皇后會將此事交付於薩滿太太。而更重要的是，坤寧宮是清代皇帝舉行大婚、迎娶皇后的婚房。

坤寧宮不是已經被改成祭祀場所了嗎？如何還能充當婚房呢？其實，坤寧宮一共有九間房，西邊四間被改造成祭祀場所，東邊五間則被設計成婚房。今天去北京故宮遊覽時，可以在它的中間靠東的房間裡看到關於皇帝大婚的展覽。清代對坤寧宮的認知與明代十分相似，裝修的樣本——瀋陽故宮的清寧宮，也是皇后的寢宮，皇太極的孝端皇后就常住於清寧宮。雖然坤寧宮日常功能歸於祭祀，不便於長期居住，但依然是皇后的主場，所以皇帝大婚的婚房必定在此。而且，婚房的最初設計者，正是著名的孝莊文皇后。

第一個在坤寧宮舉行大婚的皇帝是康熙。康熙四年時大婚，太皇、太后對設計上如何能平衡祭祀和大婚之間的關係，專門下了懿旨：

> 中間合巹[5]（音同僅），因與神幔甚近。首間、次間雖然間隔，尚是中宮之正間內北炕，吉。兩旁間既非正間，均不可用。

孝莊文皇后的意思是，婚房應該在宮殿的中間位置，但與祀神的地方離得太近又不太妥當，所以向東稍微挪一點，還屬於中宮正中，大吉大利。從此，清朝歷代皇帝迎娶皇后的洞房就在現在看到的地方了。

我們現代人的婚禮，有的是中午舉行，有的是晚上舉辦，但清代皇帝的大婚是由深夜開始。以同治皇帝為例，皇后於子時升鳳輿，鑾儀衛陳儀仗，車輅、鼓樂前導，由大清門中門行御道，至乾清宮降輿。也就是說，新娘是夜裡十二點出發，坐著轎子，迎著鼓樂，進入皇宮。要知道，同治帝的皇后阿魯特氏，家住在安定門板廠胡同，從大清門進入皇宮，等於是由北至南縱貫了整個北京城，而且一路吹吹打打，果然是「天字第一號」人物，完全沒有擾民的概念。

皇帝自然不用接新娘，只需要著禮服，候於坤寧宮。丑時，就是凌晨

坤寧宮東側皇帝大婚的婚房原狀陳列

一點到三點之間，兩位新人行合巹禮。之後，他們共坐龍床，先要吃上幾個子孫餑餑，就是餃子。北方舊時婚俗，很多地方都有吃水餃的習慣，而且餃子要煮成半生不熟，吃的時候，外面還會有人問：「生不生？」屋中人答：「生。」寓意著子孫繁衍，不過不知道皇帝的餃子是生還是熟？

吃罷子孫餑餑，由四位王府的福晉率內務府女官（命婦）請皇后再行梳妝，之後便是合巹宴席了。皇帝的婚宴說來宏大，不過在現代人看來可能並不起眼。主要有豬、羊烏叉（滿語ᡠᠴᠠ，拉丁文轉寫為「uca」），烏叉就是後臀尖，之後依序是金銀酒、金銀膳、肉絲等，再晚些還有一碗長壽麵。結婚吃長壽麵，大概是寓意長長久久、白頭偕老吧！

皇后從娘家出發，直至皇宮合巹，整個行程都會有福晉和女官侍候。福晉很好理解，至於女官，可能很多人的腦海裡浮現出的都是唐代上官婉兒般的形象，不過在清宮裡，從未常設宮廷女官的職務，她們都是臨時工。

後宮的女眷們常有各類禮儀性活動，如每年皇后的先蠶壇祭祀，再如皇后、貴妃等人過生日。這種時候，女主角一定要在花團錦簇當中，僅幾個宮女是不夠用的，而且在大型活動中，規格要顯得更高。眾多命婦就被臨時調用過來，參與禮儀活動的各項工作。

以咸豐朝孝貞顯皇后二十歲千秋節為例，內務府預先奏請的命婦有十二位。其中，兩位公主都是皇帝的姐姐，四位親王福晉，一位郡王福晉，還有五位高官的妻子。她們基本是皇帝或皇后的近親，之後再由皇帝篩選，最終留下九名。

如果像皇帝大婚的超大規模活動，所用的命婦就更多了，而且還有功能上的不同。皇帝大婚時，有內務府女官在皇后身旁侍候，這些人就是內務府官員的妻子。內務府官員大多出身於上三旗包衣，就是「天子家奴」，他們負責管理皇家的一切日常生活，皇上家裡有事要用人，他們的妻子理當效力，像《紅樓夢》的王夫人就屬於這類人群。在分工上，王爺或高官的妻子大多是皇家近親，丰要負責禮儀儀式，類似現代婚禮上的伴娘。而內務府命婦，本來就是皇家的包衣，主要的職責呈現在事務性和服務性上，類似現在婚禮上的高級服務人員。

清朝與歷代不同，君臣之間多多少少有著一層主奴關係。皇家若有典儀，往往會在一些場合上讓大臣參與其家事。清初，曾試圖仿效歷朝設置宮廷女官制度，不過大概是因為滿族原有的命婦傳統，這個制度並未真正實施過。

注釋

1. 滿清初年時，因擔心滿州語遭到漢化，便要求當時的滿州八旗人全部要講滿州語，還要學會騎馬、射箭，故稱「國語騎射」。希望滿州人除了保留自己的語言外，還要會騎射，才能統治大漢天下。
2. 背景音樂，background music，簡稱ＢＧＭ。
3. 吹管樂器，吹奏時發出嗚嗚聲，高亢激昂，古時軍中用以警戒、振奮、傳令、指揮，也用於帝王出巡的前導。
4. 指清朝中葉，「雅部」和「花部」戲曲聲腔間的競爭。以北京為主舞臺，新興的花部諸聲腔向雅部崑腔發起挑戰，儘管官方抑花崇雅，但最終仍以花部昌盛、雅部衰落而告終。是中國戲曲史上的重要事件，對漢族戲曲的變革產生深刻影響。
5. 婚禮中，新郎、新娘兩人交杯共飲。

HISTORY 系列 053

真相只有紫禁城知道：清宮地標的歷史再發現

作　　者—楊原
主　　編—邱憶伶
責任編輯—陳映儒
行銷企畫—林欣梅
封面設計—兒日
插　　畫—燕王 WF
內頁設計—張靜怡

編輯總監—蘇清霖
董 事 長—趙政岷
出 版 者—時報文化出版企業股份有限公司
一〇八〇一九臺北市和平西路三段二四〇號三樓
發行專線—（〇二）二三〇六—六八四二
讀者服務專線—〇八〇〇—二三一—七〇五
（〇二）二三〇四—七一〇三
讀者服務傳真—（〇二）二三〇四—六八五八
郵撥—一九三四四七二四時報文化出版公司
信箱—一〇八九九臺北華江橋郵局第九九號信箱
時報悅讀網—http://www.readingtimes.com.tw
電子郵件信箱—newstudy@readingtimes.com.tw
時報出版愛讀者粉絲團—https://www.facebook.com/readingtimes.2
法律顧問—理律法律事務所　陳長文律師、李念祖律師
印　　刷—和楹印刷有限公司
初版一刷—二〇二〇年九月二十五日
定　　價—新臺幣三六〇元
（缺頁或破損的書，請寄回更換）

時報文化出版公司成立於一九七五年，
一九九九年股票上櫃公開發行，二〇〇八年脫離中時集團非屬旺中，
以「尊重智慧與創意的文化事業」為信念。

真相只有紫禁城知道：清宮地標的歷史再發現／
楊原著 . -- 初版 . -- 臺北市：時報文化 , 2020.09
256 面；14.8×21 公分 . --（History；53）
ISBN 978-957-13-8325-5（平裝）

1. 生活史　2. 宮廷制度　3. 清史

627　109011405

ISBN 978-957-13-8325-5
Printed in Taiwan